JEAN GIRAUDOUX

Les Cinq Tentations de La Fontaine

(Cinq conférences)

PRÉFACE DE JACQUES ROBICHEZ

GRASSET

Paru dans Le Livre de Poche :

ONDINE.
ELECTRE.
INTERMEZZO.
SIEGFRIED ET LE LIMOUSIN,
suivi de SIEGFRIED.
LA GUERRE DE TROIE N'AURA PAS LIEU.
LA FOLLE DE CHAILLOT.
BELLA.
CHOIX DES ÉLUES.

THÉÂTRE COMPLET *(La Pochothèque)*.

Les cinq tentations de La Fontaine

Dans les années 1660, quatre amis décidèrent de former une société secrète : la société des *Quatre*. Les réunions avaient lieu tantôt dans une chambre de la rue du Vieux-Colombier, tantôt dans des cabarets. Le quatuor se racontait des histoires légères et « si le hasard les faisait tomber sur quelque point de science ou de belles lettres, ils profitaient de l'occasion : c'était toutefois sans s'arrêter trop longtemps à une même matière », disait l'un des piliers de la société, La Fontaine, ajoutant qu'avec les trois autres membres du club, Molière, Racine et Boileau, ils parlaient à l'occasion de leurs propres ouvrages, mais « avec modestie et se donnaient des avis sincères, lorsque quelqu'un d'eux tombait dans la maladie du siècle, et faisait un livre, ce qui arrivait rarement ».
Presque trois siècles plus tard, dans les années 1910, quelques amis se donnent rendez-vous au café Vachette, boulevard Saint-Michel. Ils rêvent à la société des *Quatre du Grand Siècle,* aux soupers de Vatel au château de Vaux, et aux largesses du surintendant Fouquet, dont Bussy-Rabutin disait qu'il suffisait, pour être sur la liste de ses protégés, d'avoir du talent et de manifester son impatience d'y figurer. Souvent, pour couronner ces rêveries, la bande du Vachette (Moréas, Toulet, Morand...) demande le silence et improvise des fables apocryphes de La Fontaine, en hommage à cet ancêtre que l'un d'entre eux, Jean Giraudoux, a pisté sur les routes limousines et introduit dans sa famille de Bellac, par la grâce d'une filiation imaginaire et clandestine. L'anecdote date des années de lycée, quand Giraudoux, voulant se faire gloire d'une ascendance illustre, s'inventa des amours entre une de ses aïeules et Jean de La Fontaine qui, en 1663, sur le chemin de son exil à Limoges, s'arrêta une nuit à Bellac. Il trouvait les rues « vilaines », « mal accommodées et mal prises », le vin mauvais. Il apprit que le prévôt de l'endroit avait persuadé un gueux de prendre la place d'un criminel condamné à la potence : « Moyennant vingt pistoles données à ce gueux et quelque assurance de grâce dont on le leurra, il se laissa guider à la potence tout gaiement... A la fin le pauvre s'aperçut de sa sottise, mais il ne s'en aperçut qu'en faisant le saut, temps mal propre à se repentir et à déclarer qui on est. » Giraudoux n'avait que faire des mauvais souvenirs de La Fontaine à Bellac, seule avait retenu son attention la confidence du voyageur sur la nuit passée à espérer la venue de la fille de son hôte : Giraudoux s'empressa de substituer à l'effarouchée une de ses aïeules qui, flairant le grand homme dans le voisinage, serait vite accourue pour récompenser La Fontaine d'avoir maquillé en exil politique son évasion du foyer conjugal. En 1936, quand il donne ces cinq conférences sur La Fontaine, Giraudoux connaît à son tour la tentation de s'évader du foyer conjugal.
Ce n'est pas dans le Limousin mais en Amérique du Sud qu'il voudrait s'exiler, délaissant l'appartement du quai d'Orsay et la reine régente pour suivre jusqu'en Argentine les traces d'un « puma » qui, après onze

(Suite au verso.)

années de captivité volontaire, vient de s'échapper. Elle s'appelle Anita de Madero. Elle ressemble à un jeune chat sauvage. Giraudoux l'a surnommée « Puma ». Elle avait seize ans à leur première rencontre, place du Trocadéro. Elle en a vingt-sept en 1936, elle abandonne Giraudoux à la reine régente, elle retourne dans son pays épouser un riche cousin.

L'exil de Giraudoux ne durera que cent jours. Le temps d'une tournée entre La Havane, Panama et New York. Le temps de télégraphier à Jouvet pour qu'il remplace, dans le deuxième acte de *La Guerre de Troie n'aura pas lieu,* le mot « puma » par le mot léopard (« ou guépard, ou ocelot, comme vous voudrez »).

Sa vie, Giraudoux le sait, n'est pas, contrairement à celle de son modèle, une tentation de saint Antoine. Il aura succombé à la tentation des femmes, à la tentation de la vie bourgeoise (« Il avait une famille aimable : une femme, un fils, un père... Et cependant il se débarrassa de sa vie bourgeoise d'une façon charmante, et sa libération conjugale fut aisée », dit-il de La Fontaine à un journaliste venu l'interviewer). Quant à la tentation de la Cour et de la vie mondaine, il choisit de la décliner, en ce mois de janvier 1936, devant l'auditoire huppé de l'Université des Annales, ce qui fait dire à Kléber Haedens : « La Fontaine méritait mieux que de servir de prélude à l'après-midi d'une marquise. » Giraudoux ne l'emportera sur son modèle que dans l'ultime bataille. Il refusera de se confesser sur son lit de mort, se souvenant que l'ancêtre impie s'était converti in extremis et avait imploré le pardon pour avoir eu « le malheur de composer un livre de contes infâmes ». Plus qu'un portrait rêvé de soi, Giraudoux livre ici une vie de saint, le roman du génie en quête d'innocence, un éloge de la fugue et de l'inadvertance, conforme à l'épitaphe que La Fontaine avait rédigée pour lui-même :

Jean s'en alla comme il était venu,
Mangea le fond avec le revenu,
Tint les trésors chose peu nécessaire.
Quant à son temps, bien sut le dispenser :
Deux parts en fit, dont il soulait passer,
L'une à dormir, et l'autre à ne rien faire.

Linda Lê

PRÉFACE

Qui avait eu l'idée ? L'Université des Annales avait-elle proposé ce sujet à Giraudoux ? Est-ce lui qui avait choisi de parler de La Fontaine, ces cinq mercredis après-midi, les 22 et 29 janvier 1936, les 5, 12 et 19 février ? Après coup, en tout cas, l'association, le mariage des deux talents, paraît d'une merveilleuse nécessité, comme s'il était écrit que La Fontaine devait mériter ce conférencier-là, pas un autre. Et Giraudoux, ce héros.

Depuis cinq ans il était l'un des favoris du public mondain des Annales, curieux de voir, d'entendre l'auteur de *Siegfried* et d'*Amphitryon 38*. Son succès y allait croissant. En 1931, il avait traité du « Théâtre contemporain en Allemagne et en France ». En 1932 de « La Tragédie hier et aujourd'hui ». En 1933 de « La Querelle de la comédie ». En 1934, c'est trois conférences qu'on lui avait demandées : « La Femme 1934 », « La Relève de la Femme », « La Femme devant l'Univers ».

Nommé inspecteur général des postes diplomatiques et consulaires, il est absent de Paris pendant plusieurs mois en 1935, et on ne l'entend pas aux Annales, cette année-là, qui est, au théâtre, celle de *La Guerre de Troie* et du *Supplément au voyage de Cook*. Rien dans la première de ces pièces n'annonce La Fontaine, mais son esprit voltige parmi les répliques du *Supplément*. Et, dès le début de 1936, voici le Fabuliste aux Annales.

Pendant un mois, le poète, les deux poètes, y apportent chaque semaine une heure de dépaysement, que l'actualité rend précieuse. Car, au-dehors, les signes inquiétants se multiplient. Hitler menace ouvertement la paix. Mussolini n'est pas en reste. Il poursuit la conquête de l'Éthiopie où ses troupes sont entrées en octobre. L'Angleterre, brusquement, comprend l'illégitimité des campagnes coloniales et pousse la Société des Nations à punir l'Italie par des « sanctions » d'ailleurs inefficaces, mais très propres à la jeter dans l'alliance allemande. En France, les gouvernements, inertes, louvoient.

Entre la première conférence de Giraudoux et la seconde, éclate une crise ministérielle. À Laval succède Sarraut, qui va manifester, face aux provocations nazies, une fermeté romaine, mais purement verbale. Entre la quatrième et la cinquième, un incident survenu aux obsèques de Jacques Bainville sert de prétexte à la dissolution de différentes organisations nationalistes. Une atmosphère de guerre civile pèse sur le pays, la droite et la gauche se déchirent. C'est dans ce climat que, tous les mercredis, Giraudoux et La Fontaine poursuivent leur dialogue inactuel, euphorique et souriant.

« Inactuel » ? Qui a dit *« inactuel »* ? Le conférencier protestera tout de suite. *Très actuel*, au contraire, comme il s'empresse de le démontrer à sa façon. D'où vient en effet le malaise qui angoisse ses contemporains, sinon d'une crise d'identité ? Hitler, Mussolini, Staline ont beau faire, la France ne court par eux aucun danger, pourvu qu'elle se garde de les imiter, qu'elle refuse de se laisser entraîner sur le terrain où ils préparent leurs mauvais coups. Pourvu que fidèle à son originalité nationale, elle demeure consciente de ses vertus propres. Or – raisonnons – nul mieux que La Fontaine ne les personnifie. Avec le poète de 1660, et grâce à lui, le poète de 1936 entend dissiper les inquiétudes de son auditoire. Donc, pas d'allusions contemporaines, ou très peu, et discrètes. Aujourd'hui, il faut bien chercher pour les découvrir, sauf si on a vécu 1936. Alors elles jaillissent à ces déclics : « Éthiopie », « ligues », « stratosphère »... Mais, dans l'ensemble, Giraudoux se tiendra à La Fontaine, ou, au moins, à *son* La Fontaine, dont on va découvrir peu à peu qui il est en réalité. Son La Fontaine, c'est d'abord ce voyageur de 1663, qui, de Paris en Limousin, écrit à sa femme les incidents de la route, les bons ou les mauvais gîtes, les jolies servantes... – À sa femme ? – Oui, tel était ce ménage ! Par chance, il a couché une nuit à Bellac, ville natale de Giraudoux. Mauvaise auberge, ville maussade. Une compensation cependant : La Fontaine y a cajolé une « jeune personne et assez jolie ». Il n'en faut pas plus à l'auteur de *Siegfried et le Limousin* : sans aucun doute la cajolerie est allée assez loin pour que cette jeune personne soit son aïeule en ligne maternelle. À partir du moment où il s'est doté de cette avantageuse généalogie, il s'y réfère, ici ou là, d'année en année. Dans la première conférence des Annales, c'est en guise d'introduction, après ce début modeste et farceur : « Mesdames, Mesdemoiselles, Messieurs, je ne suis pas tout à fait sans titre pour vous parler de La Fontaine. » Tout le monde attend : la culture, l'École normale, les recherches érudites. Pas du tout ! Ses titres, c'est qu'il est de la famille. Et d'ailleurs il en

est, plus qu'il ne saurait le dire. Sinon par le sang, au moins par l'esprit, il descend de La Fontaine.

Cette intimité avec son sujet l'a dispensé, vers la fin de 1935, d'aller se documenter dans les bibliothèques. Ce n'est pas sa manière. Il est parti, peut-être, de ses souvenirs universitaires. La Fontaine était à son programme de licence. (Mais avait-il lu son programme ?) De ses souvenirs scolaires surtout, des fables, des fragments de fables, que, comme tout le monde, il savait par cœur. Bon élève dans toutes ses classes, le monde de l'école est pour lui un fonds d'images enchantées où il n'a cessé de puiser.

C'était assez, cette fois, pour se mettre en train. Mais les conférences demandaient davantage, sous peine d'être taxées de frivolité. En fait, elles sont remplies d'anecdotes, de détails empruntés aux historiens de la littérature, de citations rares, bref, d'une documentation impressionnante, pourvu que, nous le verrons, on n'approfondisse pas trop ! Aurait-il lu tout cela lui-même, lui qui depuis longtemps lisait si peu ? Certainement pas ! Quelqu'un, un universitaire, s'est chargé pour lui de récolter ces matériaux.

Giraudoux n'a pas nommé ce collaborateur scrupuleux. Nous le connaissons aujourd'hui : c'est Jean Baillou (1905-1991), alors secrétaire général de l'École normale, qui a, beaucoup plus tard, déclaré : « Entre chacune de ces "tentations" hebdomadaires nous examinions ensemble des documents, des textes, ajustions quelques idées ; je le quittais ; tout cela restait flou, imprécis... Et, quelques jours plus tard, je retrouvais quelques-uns de ces éléments épars dans un discours aimable et fluide. Cette transmutation est bien le propre du génie » (*Cahiers Jean Giraudoux*, XIII, 13).

« Transmutation » est joli. Il reste à en apprécier la rigueur... ou la souplesse et il serait peut-être plus juste de parler d'une appropriation qui apparaît dès le plan de l'ensemble.

Il y avait cinq mercredis. Notre conférencier va donc enclore le foisonnement poétique le plus capricieux dans un cadre pentagonal. Tous les lecteurs de Giraudoux savent qu'il excelle dans ce passage à l'ordre géométrique. Son œuvre, la plus littéraire du monde, joue sans cesse avec une exactitude scientifique affectée. Elle est pleine de précisions arbitraires, de chronologies à la minute près, d'enchaînements, d'équations, de simultanéités canularesques.

Ici la démonstration se présente comme suit jusqu'au C.Q.F.D. final. Partons de Taine. Taine, dans *La Fontaine et ses fables* avait fait l'addition des éléments dont la somme donnait les *Fables*. Giraudoux est l'anti-Taine, mais non moins méthodique. Il dresse le catalogue des cinq orientations antérieures au chef-d'œuvre et qui devaient aboutir à ce que nous en fussions privés. Tout destinait La Fontaine à ne pas écrire les *Fables* : l'attrait d'une fructueuse carrière provinciale, les modes littéraires ambiantes, les tendrons, les épouses légères et la poésie licencieuse, etc. Chaque fois, il a trouvé le moyen adéquat pour ne pas s'engager dans la mauvaise voie. Dirons-nous que les *Fables* sont une sorte de miracle et qu'à cinq reprises la Providence a remis le poète dans le droit chemin ? La Providence, ou le hasard, ou la chance de la France et des petits écoliers français ? Plutôt la *chance*, car Giraudoux, paisible agnostique, ne croit guère aux miracles, ni à l'intervention d'une volonté suprême dans les affaires des hommes ; s'il lui arrivait d'y croire, ce serait pour la redouter.

Il est vrai qu'il emploie ce mot « tentation », typiquement chrétien. Mais, dans « tentation », s'il y a les épisodes édifiants, les résistances héroïques des saints, il y a aussi la douceur des rêves interdits, la pente facile, une complicité qui pourrait donner son nom à une robe de grand couturier, à un parfum, à un tango. Le titre de ce livre, rigoureux par le plan, profitera doucement de ces harmoniques.

D'ailleurs, *rigoureux*, l'est-il tant que cela ? Car si le sujet, c'est bien la victoire sur ces tentations successives et, enfin, la publication des premières *Fables* (1668), l'évocation de tout ce qui est postérieur à cette date ne se justifie pas. Mais il fallait une cinquième tentation. C'est celle du « scepticisme et de la religion ». Elle ne menace pas les *Fables* : la partie est jouée, le chef-d'œuvre a paru. Elle aurait dû gêner Giraudoux quand il construisait son futur livre, elle en compromet l'équilibre. Mais il n'est pas l'homme de pareils scrupules.

On a mauvaise grâce à le prendre en faute comme un brillant mauvais élève. Il faut continuer cependant : il cite beaucoup et il cite mal. Vers faux, phrases tronquées sont innombrables. Ici, comme ailleurs, il n'a visiblement pas corrigé ses épreuves, ou alors, en pensant à autre chose. Guidé par le spécialiste de La Fontaine qu'est mon collègue Jean-Pierre Collinet, je me suis efforcé de rectifier toutes ces citations et, en dehors d'elles, de faire la chasse aux nombreuses coquilles, intactes depuis la première édition (1938). Encore la besogne ingrate et pédante n'est-elle pas terminée. Les inexactitudes de fait abondent, ignorances ou petites falsifications embellissantes. Ne croyons pas un mot, par exemple, de la gentille histoire du professeur Bornecque : les archives du lycée de Châteauroux sont formelles, Giraudoux n'y a jamais été son élève. Il faudrait, dans une édition rigoureusement annotée, signaler chacune de ces erreurs. Ici, je n'ai pas voulu alourdir Giraudoux : elles n'avaient pas dérangé les auditeurs de 1936, je les ai laissées passer. Elles sont si nombreuses qu'on voit bien pourquoi les ouvrages scientifiques consacrés à La Fontaine, la belle thèse de Collinet, par exemple *(Le Monde littéraire de La Fontaine)* ne citent pas *Les Cinq Tentations* dans leurs bibliographies, quelle que soit l'estime où ils les tiennent. On ne peut décemment égarer les étudiants dans ces vallées de la contre-érudition.

Mais l'érudition n'a que faire ici. Nous sommes près du théâtre et la vérité au théâtre est faite de mensonges. Giraudoux, à première vue, nous apprend beaucoup plus sur lui-même que sur son auteur. Mais, parlant de lui-même, évasions, distractions, désinvolture, absences charmantes, entente privilégiée avec la poésie, il parle de La Fontaine. C'est un portrait reflet, entre deux miroirs, où les visages se confondent. Telle est l'originalité de ce livre.

Depuis toujours, on a répété que La Fontaine devait sa connaissance des animaux à sa charge des Eaux et Forêts. Pour Giraudoux rien n'est plus faux. La Fontaine n'est pas un observateur méticuleux comme l'entomologiste Fabre. Il a compris les animaux « parce qu'il avait le sentiment du vol, de la fuite, de la chaleur animales et, de même, il a compris les plantes et les eaux, parce qu'il avait le sentiment de l'ondulation, du frémissement et de la plainte ». La vérité de son livre, il la tire de lui-même. Ainsi font les créateurs quand ils se mêlent de critique. Ainsi fait Giraudoux : la vérité de son La Fontaine, il la tire de lui-même.

Depuis toujours aussi s'est posée la question de la moralité des *Fables*. Rousseau et Lamartine les ont condamnées comme immorales. D'autres les ont défendues. Giraudoux juge le débat oiseux : on se trompe si l'on demande des leçons au fabuliste, ou si l'on s'offense de celles qu'il proposerait. Son domaine n'est pas celui des leçons, c'est celui de la narration. Dans les *Contes et Nouvelles*, dans les *Fables*, c'est le même homme, égrillard ou décent, le même art, celui d'aller à son pas nonchalant, de ne renoncer à aucune parenthèse, de taquiner le lecteur. Peu importe tout autre souci. La Fontaine conte pour le plaisir de conter, comme Giraudoux écrit pour le plaisir d'écrire. C'est la même légèreté, la même gratuité, le même refus du « qu'en pensera-t-on ». Encore une fois, la même famille.

Retournons à l'école. On y est naturellement conduit quand il s'agit de La Fontaine. De Giraudoux aussi. Imaginons-les, tous deux, dans un de ces dialogues de jadis où le lycéen de Châteauroux avait excellé. En cercle, autour des deux Jean, leurs héroïnes les regardent et les écoutent, la Cigale, qui a l'honneur d'avoir levé le rideau sur les douze livres des *Fables*, l'Hirondelle, la Perdrix, la Belette. D'autres arrivent ;

on n'a pas de nouvelle de la Tortue, mais Perrette est là, en cotillon court, avec Geneviève, Alcmène, Isabelle, Juliette. Et elles disent entre elles ce mot qui résume tout : « Comme ils se ressemblent ! »

Jacques ROBICHEZ.

À YVONNE SARCEY,
responsable.

LA TENTATION
DE LA VIE BOURGEOISE

MESDAMES, MESDEMOISELLES,
MESSIEURS,

Je ne suis pas tout à fait sans titre pour vous parler de La Fontaine.

Dans le lycée où je fis mes études, à la fin du siècle dernier, notre classe de quatrième fut bouleversée par l'arrivée d'un jeune professeur, dont j'évoque avec quelque tristesse le souvenir, car il vient de mourir cette année. M. Bornecque (c'était son nom) était professeur de latin, mais il ne parlait qu'en vers français. Il fit son discours de distribution de prix en vers, il nous apprit à écrire en vers nos narrations, même si le sujet mettait en jeu des prosateurs, et j'ai connu ainsi les premiers vers de Bossuet. Que ce fût une lettre de Racine à Molière pour lui signaler qu'il y aurait une jolie comédie à écrire sur les misanthropes, surtout en les dépeignant amoureux de quelque grande coquette ; que ce fût la réponse de Molière, acceptant avec joie la suggestion, et suggérant à son tour à Racine l'idée de nous raconter les aventures d'Andromaque, cette belle veuve d'Hector, qu'il serait vraiment intéressant de montrer aux prises avec un maître qui exigerait son amour en échange de la vie de son fils – beau sujet ! –, que ce fût même une épître de Voltaire sur son lit de mort en 1778, annonçant à la grande Catherine que l'état de choses en France, à son humble avis du moins, ne pouvait guère se maintenir qu'une vingtaine d'années sans catastrophes, vingt et un ans ou vingt-deux ans au plus, notre professeur exigeait qu'elles fussent écrites en vers. Si bien que, dans ce jeu collectif qui gagne les collégiens aussi vite que les foules, l'idée vint à certains d'entre nous de prétendre qu'ils descendaient de poètes connus. Cela n'allait pas sans difficultés, car la généalogie des familles, en province, est sévèrement surveillée. Mais l'imagination des enfants est plus forte que le Gotha, ou plutôt, dans le cas précis, que le Bottin. Une série de parentés hors série s'établirent entre des petits Berrichons nommés Godard, Baty, Laprade, et des personnages plus connus, même à Châteauroux, appelés Corneille, Lamartine ou Musset. Mais, à part le second de la classe, qui s'appelait de son vrai nom Boileau, et qui, malgré sa vive antipathie pour l'auteur des *Satires,* fut bien forcé d'en accepter le cousinage, cet instinct de la vraisemblance qui est la conscience des enfants menteurs nous poussait à introduire des justifications dans nos choix. Celui qui choisissait Lamartine avait eu des parents à Dijon ; celui qui choisissait Ronsard était originaire du Vendômois. Quant à moi, je tombais mal : j'étais de Bellac. Aussi loin que l'on pouvait reculer dans l'histoire de ma famille, on constatait qu'elle n'avait pas quitté Bellac. Aussi loin que l'on pouvait reculer dans l'histoire littéraire, on constatait qu'aucun poète n'était né à Bellac ou dans ses environs immédiats, bien que tous eussent les noms de ces lieux où les poètes devraient naître, Ambazac, Le Breuilh au Fa... Les chroniques locales comptaient bien deux poètes : Jean Tournois, qui avait fait imprimer en 1831, chez Didot, un poème didactique intitulé *L'Amour,* et un nommé Victor Goujoud qui, jeune concierge à l'Hôtel de Ville, avait, sous la Restauration, composé une ode au printemps et à la verdure fort estimée des édiles bellachons, par laquelle lui avait été assurée sa promotion au poste de geôlier-chef de la prison municipale. Mais vous pensez bien que mon ambition ne pouvait se contenter de tels ancêtres, et sans doute aurais-je été contraint, pour éviter toute recherche généalogique indiscrète, de dire que je descendais de ces anonymes qui nous ont donné la *Chanson de Roland* et la *Cantilène de Sainte Eulalie,* quand j'appris que deux grands écrivains avaient séjourné à Bellac. Le salut était là. Il suffisait que ces écrivains eussent connu mes arrière-grand-mères, les eussent aimées, eussent été aimés d'elles, et j'étais sauvé. Il ne s'agissait évidemment plus que d'une filiation clandestine, mais ce sont de celles que la poésie autorise ou même glorifie. Pour l'un de ces écrivains, il me fut vite clair que je n'avais pas à insister. C'était un archevêque, c'était Fénelon, c'était le Cygne de Cambrai. Dans une lettre à la marquise de Laval, Fénelon nous apprend, en effet, qu'il a été reçu pompeusement à Bellac et que, dans des discours sans fin, on l'y a comparé successivement au soleil, à la lune, et à tous les astres, car Bellac est la première ville des écoliers limousins. Mais l'on ne descend plus des cygnes, de nos jours, et il eût été hardi de penser que de telles flatteries eussent amené celui-là à perdre quelques-unes de ses plumes blanches en faveur d'un lointain rejeton. Du second voyageur on pouvait mieux attendre. Certes, il n'était resté à Bellac qu'une nuit, mais c'était Jean de La Fontaine, qui sait l'emploi des nuits, et la légende voulait qu'il eût habité une maison proche de celle de mes aïeux. Qu'une de mes jeunes aïeules eût soudain deviné dans cet hôte un grand poète, se fût précipitée vers lui, se fût vouée à lui par un mariage secret, c'est exactement comme cela qu'une classe de quatrième se représente la passion et la poésie, et il n'était pas exclu non plus d'ailleurs, pour le bon renom de la famille, que La Fontaine, lui aussi, eût éprouvé pour elle un amour subit et irrésistible. C'est peut-être d'ailleurs ce qui s'est passé, après tout.

À vrai dire, ce n'est pas tout à fait ainsi que La Fontaine décrit la scène dans la lettre qu'il envoie de Bellac.

Notre seconde couchée, écrit-il, *fut Bellac. L'abord de ce lieu m'a semblé une chose singulière, et qui vaut la peine d'être décrite. Quand, de huit ou dix personnes qui y ont passé sans descendre de cheval ou de carrosse, il n'y en a que trois ou quatre qui se soient rompu le cou, on remercie Dieu...*

Ne plaignons point notre peine ;
Ce sentier rude et peu battu
Doit être celui qui mène
Au séjour de la vertu.

Rien ne m'aurait plu sans la fille du logis, jeune personne et assez jolie. Je la cajolai sur sa coiffure : c'était une espèce de cale à oreilles, des plus mignonnes et bordée d'un galon d'or large de trois doigts. La pauvre fille, croyant bien faire, alla quérir aussitôt sa cale de cérémonie pour me la montrer. Passé Chavigny, l'on ne parle quasi plus français ; cependant, cette personne m'entendit sans beaucoup de peine. Les fleurettes s'entendent par tout pays, et ont cela de commode qu'elles portent avec elles leur truchement.

Tout méchant qu'était notre gîte, je ne laissai pas d'y avoir une nuit fort douce. Mon sommeil ne fut nullement bigarré de songes comme il a coutume de l'être. Si, pourtant, Morphée m'eût amené la fille de l'hôte, je pense bien que je ne l'aurais pas renvoyée. Il ne le fit point, et je m'en passai.

C'est ce flirt innocent que ma classe voulut bien admettre comme preuve de ma filiation, filiation qui me valut, au cours de mes études, un grand nombre d'allusions plus ou moins courtoises, que je trouve certes très relâchée au moment où je convie La Fontaine à venir vous faire une quintuple visite, mais qui est pourtant ma seule justification vis-à-vis des trois contemporains que je vois si bien à ma place aujourd'hui sur cette estrade : Paul

Claudel, Paul Valéry et Léon-Paul Fargue... Il est vrai qu'eux s'appellent tous trois Paul, et que lui s'appelait Jean.

Maintenant, me direz-vous, rien ne vous forçait à prendre La Fontaine comme sujet de vos conférences.

L'un de vous a même pris la peine de m'écrire pour m'exprimer cette opinion, et cet aimable correspondant s'étonne que, dans un après-midi consacré aux problèmes modernes, et alors que moi-même, les précédentes années, j'avais délibérément orienté mes auditeurs vers l'urbanisme, le vote des femmes, ou l'hygiène sociale, je les dirige tout d'un coup vers celui qui semble être le plus inactuel des poètes, et en tout cas celui qui a été le moins soucieux de son propre temps. Je réponds à ce censeur inconnu qu'il se trompe. À la réflexion, il me semble que c'est un souci d'actualité, plus profond peut-être encore que les autres, qui m'a inconsciemment mené cette année à La Fontaine. Et ce n'est pas seulement que je veuille, dans ces moments où toutes les sirènes annoncent le bombardement de notre pauvre époque, vous conduire quelques heures dans un abri, dans une de ces caves champenoises où La Fontaine lui-même se réfugiait et cherchait tranquillité et fraîcheur, quand les Lorrains pillaient sa ville ou que les créanciers sonnaient à sa porte. Ce n'est pas non plus par une de ces superstitions qui consistent en cas de grave menace, à faire sortir en procession de l'église la statue du saint le plus désigné pour la combattre, et de sortir de la sacristie des lettres, pour conjurer cette crise, qui est un accès des hantises et des attentions, le modèle de toutes les distractions et de toutes les relativités. Vous vous rappelez peut-être mon confrère de la grande presse qui, en 1918, rendant compte d'un succès remporté par les Américains fraîchement débarqués à Château-Thierry, écrivait, sous le titre de *La Fontaine combat avec eux,* un compte rendu tellement convaincant de l'intervention spirituelle de notre poète dans les mouvements stratégiques du corps expéditionnaire, que la presse américaine s'en fit écho et qu'un major américain vint déposer, de la part de son gouvernement, des fleurs au pied de sa statue. Je suis sûr que notre poète serait confus d'être comparé à sainte Geneviève, et ce n'est pas sous ce côté surnaturel que nous allons nous adresser à lui. Ce n'est pas son apparition, mais sa présence qui nous est nécessaire ; car notre crise n'est pas une crise d'événements extérieurs qu'un miracle peut résoudre, mais une crise intérieure, qui ne peut trouver sa solution que dans une connaissance plus prononcée de nous-mêmes. L'état de crise en France ne vient pas de ce que nous avons des voisins trop forts, ou trop peuplés, de ce que les peuples autour de nous pratiquent l'égoïsme sacré ou la générosité suspecte. Il vient de ce que les Français se connaissent de moins en moins. Alors que d'autres nations ont pris dans le développement et l'exercice de la vie moderne une conscience de plus en plus nette non seulement de leur rôle politique, mais de leurs instincts les plus naturels et de leur race même, ni l'électricité, ni le radium, ni les ondes courtes ou longues n'ont été encore chez nous les principes ou les serviteurs d'un nouveau modelage physique ou moral. La caractéristique de tous ceux de mes compatriotes qui s'assemblent et se coalisent pour remédier aux événements, quels qu'ils soient, quels que soient la noblesse ou l'intérêt, le dévouement ou la maladresse, qui président à leur entreprise, me paraît être qu'ils ne connaissent plus le caractère français. Ils sont obnubilés par des exemples extérieurs. Une sorte de politesse mal comprise vis-à-vis de l'Europe les pousse à adopter les formes et le langage des peuples qui sont nos antipeuples, de répondre à ce qu'ils croient les exigences européennes par un état d'esprit qui les copie et qui ne correspond nullement aux exigences françaises. Dans un processus de mimétisme bien particulier, alors que le mimétisme chez les insectes, ou les plantes, ou les animaux, est une vertu qui les éloigne des dangers en les faisant ressembler à ce qui est calme et tranquille, le Français semble se plaire à se donner la nuance de l'inquiétude et du péril, alors qu'il ne risquerait rien dans les couleurs les plus éclatantes. C'est là, depuis quelque temps, sa caractéristique : il attend la guerre en pantalon garance, et il fait la paix en veston incolore. Puisque l'habitude est prise maintenant de défiler sur les places publiques, ne croyez-vous pas qu'il convient d'y faire défiler aussi cette ligue si formidablement puissante chez nous, quoi qu'on puisse en dire, si capable d'éclairer nos plus sombres problèmes, qui ne comprend qu'un seul membre, dont le nom est La Fontaine.

Je sais bien ce que certains me diront. Ils trouveront stupide d'évoquer comme aide possible à une société l'homme qui a été le plus insociable, d'introduire, pour obtenir une définition du Français, le Français qui, par excellence, échappe à toute définition. Je ne sais s'ils ont raison. On peut dire tout aussi bien que les grands Français qui ont été les plus grands originaux sont justement ceux qui personnifient le mieux chacun une qualité profonde de leur nation, et qu'il n'est pas exclu que le plus individuel la personnifie tout entière. Si la France souffre d'un mal, ne serait-ce pas justement que l'effort de nos éducateurs a toujours tendu, depuis un siècle, à cacher au pays ses grands originaux, c'est-à-dire ses véritables dons ? Ils y ont souvent réussi par l'introduction dans nos mœurs de ce régime représentatif que nous aurions tort de croire réservé à la seule politique et qui déborde de plus en plus dans des domaines qui le comportent le moins, comme le domaine des arts. Le régime de sociétés littéraires et d'académies qui domine, je ne dirai pas les arts français, mais les rapports des arts français avec la nation, dissimule aussi profondément au Français son véritable style et sa véritable pensée que le régime de nos élections politiques lui dissimule sa véritable face politique. Toutes proportions gardées, vous ne connaissez que les écrivains, les peintres, les sculpteurs élus de la France. Évidemment, nous saurons plus tard que nous avons eu, entre 1926 et 1930, une incomparable floraison de la pensée et de la création françaises, mais nous n'en profiterons que dans sa force expirante. Cet intervalle de vingt ans, entre le moment où l'on frappe sur les réflexes de notre nation et le moment où ils répondent, est un tabès qui bat tous les records. C'est pourtant le rythme auquel le pays s'habitue. Il y a partout cet intervalle chez nous entre toute conception et toute réalisation. Qu'en résulte-t-il ? Que la France vit sous la conduite quotidienne de vivants qui ne sont pas à jour, et sous la haute direction de Français qui sont à jour, mais qui sont morts. Sous ce double gouvernement de Colbert et de Marcel Régnier, de Delacroix et de Dujardin-Baumetz, de Mansart et de l'architecte en série, il est bien vain d'espérer pour la nation un fonctionnement et une adaptation modernes. Tout, dans notre administration, – et j'entends par là aussi bien celle de l'État français que des âmes françaises, – est dominé par cette hantise de gravité et de méticulosité, c'est-à-dire par une méconnaissance complète des véritables dons français qui sont l'esprit d'aventure et de bon sens, de conquête et de prodigalité, d'insistante communion avec la réalité, et d'imagination. À ce pays que rien ne menace et qui vit dans l'obsession de la guerre, dont le sol est riche, industrieux, et qui vit dans l'obsession de la misère, auquel reste ouvert l'avenir et qui ne pense qu'à l'échéance, je succombe aujourd'hui au désir de montrer, comme le radiographe montre au prétendu malade ses vrais organes, que le moindre radium et la moindre psychologie révèlent qu'il contient encore en lui, outre ce Jacques Bonhomme et ce Joseph Prudhomme, outre le souci et la présomption, tous les éléments de ce prodige de désintéressement, d'insouciance et de courtoisie que fut notre ami d'aujourd'hui. Heureux pays dont l'analyse spectrale dégage le spectre de Jean de La Fontaine !

Rien de plus connu que la vie de La Fontaine. Ce que je vais vous en dire ne vous apprendra rien de nouveau. Mais vous ne m'en voudrez pas de vous le dire, au contraire. Je serais impardonnable de vous raconter la vie de Guizot ou de Mlle George sans vous apporter des détails nouveaux sur la façon dont le premier comprenait ses relations avec Louis-Philippe et la seconde le baisemain de Napoléon. Mais il y a dans la vie de La Fontaine un charme qui ne permet pas au biographe de la modifier, pas plus que le conteur ne modifie Peau d'Âne ou le Chat Botté, et, de même que les enfants obligent le narrateur de ces contes à ne pas s'écarter d'un pouce du récit habituel, trouvent leur joie à écouter de nouveau ce qu'ils ont entendu cent fois, je sais que vous serez enchantés d'écouter des anecdotes dont je n'ai pas découvert ni inventé une seule. Vous les aurez toutes, y compris celle de La Fontaine rencontrant son fils, parlant deux heures avec lui et, charmé par ce jeune homme, demandant à un ami qui il était ; jusqu'à celle des bottes blanches, du chapeau blanc, que La Fontaine, allant à un rendez-vous, prend une nuit pour traverser Château-Thierry sans être remarqué, et qui en fait un météore éclatant, car il a oublié que c'est le clair de lune.

Il est impossible de raconter cette vie autrement que comme une épopée de la simplicité et de la distraction. Impossible, comme on le fait pour les autres écrivains, de l'étudier en consacrant un chapitre à l'homme, un autre au sage, un autre au courtisan, ou au poète, tant l'essentiel de cette vie est d'avoir été une et simple. Remarquez que, pour les autres écrivains, on a raison de les diviser ainsi en divers chapitres, en divers tiroirs, pour tous les autres. Pour nous autres mêmes tant que nous sommes, aussi. Nous vivons tous et toujours des vies doubles, triples ou quadruples. Pour la plupart des hommes, leur métier jure souvent avec leur vie ou leur existence spirituelle. Pour les femmes, leurs occupations et même leurs loisirs ne se fondent que rarement dans leurs goûts et leurs préférences. L'existence humaine n'est guère autre chose qu'une fatigue et un travail de compensation qui permet à l'homme de se modifier journellement et presque chaque heure vis-à-vis des autres êtres et des diverses circonstances de la vie. Nous sommes souvent fatigués, le soir, de n'avoir pas eu, du réveil au coucher, cette unité de cœur, de mœurs, de métier ou de joies qui est le privilège des créatures non humaines. Nous mourons fatigués, au soir de notre vie, de cet écartèlement si souvent pénible, de cet effort d'adaptation finalement si vain. Puisque nous sommes dans le domaine littéraire, le problème qui se pose d'habitude pour chaque grand écrivain est justement de voir l'ampleur de sa réaction et de son acide personnel sur sa suite et son entourage, et inversement de voir, qu'il s'agisse de Pascal ou de Racine, quelle résistance il leur a opposée. Chaque grand homme est généralement un nœud au mouchoir de l'humanité pour lui rappeler qu'il y a l'inquiétude, le mépris, l'orgueil, l'invention. Ce grand homme est même généralement d'autant plus grand qu'il a eu plus nette conscience de sa vie individuelle, et qu'il a accentué la différenciation entre l'homme et les autres forces qui l'entourent vis-à-vis de la nature, vis-à-vis de Dieu. Il n'y a pas de grands hommes, il n'y a que de grands conflits. L'existence de La Fontaine, seule entre toutes, est une merveilleuse et complète absence de conflit, et le problème qui se pose à son propos est seulement celui de savoir comment il a pu en éliminer tout problème. L'histoire de La Fontaine, c'est l'histoire des efforts faits pendant soixante ans, par la malignité de la destinée humaine, pour le faire déchoir d'une simplicité étonnante qui était primitivement la sainteté, et qui n'est plus, depuis le péché originel, que sa forme civile, d'ailleurs plus rare encore. On trouve encore de grands saints. On ne trouve plus d'humain fraîchement créé. Peut-être y a-t-il eu déjà dans des civilisations originelles, ou arriérées, des La Fontaine inconnus ; peut-être y a-t-il eu aux époques primitives des peuples entiers de La Fontaine. Mais, cette fois, il s'agit des hommes les plus avisés, les plus doués, les plus sensibles qui aient jamais existé, et il s'agit aussi d'une des civilisations les plus éclatantes et les moins anodines. Il n'est pas un piège qui n'ait été tendu à notre poète, pour le prendre en flagrant délit de civilisation avec ses contemporains, pour en faire un de ces humains compromis dans l'humanité, pour le jeter dans cette fosse commune des vivants qu'est la vie en commun, pour le prendre dans un de ces pièges où se sont bien laissé prendre, pour ne citer que les trois amis, Racine, quand le piège s'appelait la cour, et Molière, quand il s'appelait l'amour, et Boileau, quand il s'appelait le bon sens. On peut vraiment affirmer, au contraire, qu'il s'est organisé autour de cette simplicité une conjuration, une sorte de tentation. Tous les mirages que vous voyez dans les tableaux hollandais ou flamands, et que le malheureux saint Antoine a pu entrevoir avec sa mauvaise vue d'ermite, parfois en mettant des lunettes, La Fontaine les a vus s'approcher de soi, de sa claire vision de Champenois, de cet œil qui voyait tous les détails d'une gorge de pigeon ou d'un fétu. L'existence facile, le succès, une ronde des plus charmantes femmes d'un siècle qui disposait dans cet ordre d'un choix réel, rien n'y a fait. Pas une seule fois, l'incroyable liberté que se permettait cet être libre ne s'est laissé séduire, pas une seule fois la trame large et continue de sa vie ne s'est laissé muer en épisodes. Que demeure-t-il généralement de ceux qui ont prétendu agir librement dans la vie, que ce soient les tyrans ou les libertins, que ce soit Napoléon ou Casanova ? des drames ou des scandales. Et nous n'avons qu'à regarder autour de nous : quand il s'agit de contemporains plus humbles, ceux qui prétendent échapper aux règles de la vie n'arrivent qu'à s'y empêtrer davantage. Mais si l'on passe la vie de La Fontaine au tamis, elle passe toute, aucun dépôt ne subsiste, c'est de l'eau claire... Vous vous rappelez la phrase charmante de Valéry :

Peut-être ce nom même de La Fontaine a-t-il, dès notre enfance, attaché pour toujours à la figure imaginaire d'un poète je ne sais quel sens ambigu de fraîcheur et de profondeur, et quel charme emprunté des eaux. Une consonance, parfois, fait un mythe. De grands dieux naquirent d'un calembour, qui est une espèce d'adultère.

La phrase est sûrement juste. Mais je crois aussi que si le nom de La Fontaine a gardé sa signification de ruissellement, de source, c'est moins à cause du calembour inconscient fait par notre esprit que par le caprice incompressible et le ruissellement de sa vie. La preuve en est que jamais il ne nous vient à l'idée, en pensant à Racine, d'évoquer les racines des arbres, fût-ce des plus sensibles, ni en pensant à Corneille d'évoquer un corbeau. La gloire fait perdre leur relief au nom des grands hommes. Si le nom de La Fontaine conserve son sens primitif, c'est qu'il a passé toute sa vie à le graver et à l'écrire sur de l'eau.

Tel sera donc le sujet de nos cinq entretiens. Ce sera l'histoire de cette longue tentation, de ces sortes d'attentats, par bonheur avortés, du destin contre la vie et l'esprit de La Fontaine, de cette victoire remportée par l'être le plus inoffensif et le plus dénué de défense sur tous les démons des siècles et du grand siècle. Si un complot s'était organisé parmi les puissances terrestres et infernales pour empêcher La Fontaine d'écrire les fables, il n'en aurait pas été autrement. Vous savez que les fables sont presque une œuvre de vieillesse. Le premier recueil en a été publié en 1668, quand La Fontaine avait un âge qui, aujourd'hui, après deux siècles de jouvence médicale, n'est pas encore la vieillesse, mais qui était, à cette époque, très canonique : quarante-sept ans, et le second lorsqu'il avait presque la soixantaine. Ces ruses, que la perdrix de La Fontaine justement ourdit pour sauver ses petits, La Fontaine les a faites au centuple pour sauver des enfants qu'il ne connaissait pas et qu'il ne prévoyait pas. Quels sont les cinq tableaux de cette tentation ? Ils éclatent aux yeux.

Le premier est celui de la tentation de la vie bourgeoise ; il nous montre un La Fontaine ignorant de son talent et accaparé par tous les agréments et tous les ennuis d'une existence de province.

Le second, celui des femmes. C'est le tableau classique des tentations. Toutes les figures les plus représentatives de femmes : la sensible, la voluptueuse, la précieuse, tournent autour de La Fontaine pour l'amener à la vie des poètes cyniques ou sentimentaux.

La troisième tentation est plus redoutable encore, c'est celle du monde, celle de la vie mondaine, celle de l'attrait d'un siècle brillant, à laquelle tous les autres succombèrent.

La quatrième, celle de la littérature. C'est la tentation symbolique. Tout semble diriger La Fontaine vers un genre qui ne soit pas les fables, vers le conte, la tragédie, la comédie, la poésie épique, l'opéra, tous les genres dansent devant lui un pas de séduction d'autant plus dangereux qu'ils sont les grands genres, et il les évite tous.

La cinquième, de beaucoup la plus grave, est la tentation, sur cet esprit aussi intelligent que passionné, des deux formes les plus aiguës de l'intelligence et de la passion, le scepticisme et la doctrine. Les femmes dévêtues ont pris la forme d'Érasme et de Jansénius, de Rabelais et de Gerson...

Voilà les cinq tableaux. Cinq péchés mortels se passent la main pour damner l'âme de La Fontaine, pour l'empêcher d'atteindre ce petit coin d'Éden reconquis où il écrira les fables : dans le premier tableau, la paresse et la routine ; dans le second, la sensualité ; dans le troisième, le monde ; dans le quatrième, l'ambition ; dans le cinquième, l'orgueil... Mais, épreuves qui épargnent le monde de Bosch ou le bourgeois de Hogarth, les vertus elles-mêmes deviendront des tentatrices : nous verrons la tentation de l'amitié, du bon sens, de la générosité, de la piété. Nous verrons – cela durera cinq heures pour vous, cela a duré cinquante ans pour La Fontaine – toutes les héroïnes, toutes les déesses, toutes les muses, moins une, qui se tait, se conjurer pour qu'il n'écrive pas les fables.

Par qui ces puissances occultes étaient-elles stipendiées ? Pourquoi cette marche si lente et inconsciente de La Fontaine vers les fables sembla-t-elle, toutes proportions gardées, aussi dangereuse au destin que la marche préméditée vers le feu de Prométhée ? En quoi les fables nous ont-elles donné un élément ravi à des esprits supérieurs ? C'est ce qui, je l'espère, va ressortir des cinq tableaux que je vais, à mon tour, esquisser devant vous.

Mais pour que nous ayons, avant de nous lancer dans cette étude, une idée bien nette et très précise de ce que nous aurions pu y perdre, ne croyez-vous pas que nous pourrions nous arrêter une minute à contempler quelques pièces du trésor, et à demander dès maintenant à M. Roger Karl de nous montrer, sous forme de quelques fables, l'enjeu du débat qui va se livrer ici, en cinq séances, sous l'œil impartial de notre présidente ?

M. Roger Karl lit :

LES DEUX PIGEONS

Deux Pigeons s'aimaient d'amour tendre.
L'un d'eux, s'ennuyant au logis,
Fut assez fou pour entreprendre
Un voyage en lointain pays.
L'autre lui dit : « Qu'allez-vous faire ?
Voulez-vous quitter votre frère ?
L'absence est le plus grand des maux :
Non pas pour vous, cruel. Au moins, que les travaux,
Les dangers, les soins du voyage,
Changent un peu votre courage.
Encor si la saison s'avançait davantage !
Attendez les zéphyrs. Qui vous presse ? Un corbeau
Tout à l'heure annonçait malheur à quelque oiseau.
Je ne songerai plus que rencontre funeste,
Que faucons, que réseaux. "Hélas ! dirai-je, il pleut,
Mon frère a-t-il tout ce qu'il veut,
Bon souper, bon gîte, et le reste ?" »
Ce discours ébranla le cœur
De notre imprudent voyageur,
Mais le désir de voir et l'humeur inquiète
L'emportèrent enfin. Il dit : « Ne pleurez point :
Trois jours au plus rendront mon âme satisfaite ;
Je reviendrai dans peu conter de point en point
Mes aventures à mon frère.
Je le désennuierai : quiconque ne voit guère
N'a guère à dire aussi. Mon voyage dépeint
Vous sera d'un plaisir extrême.
Je dirai : "J'étais là ; telle chose m'avint."
Vous y croirez être vous-même. »
À ces mots, en pleurant ils se dirent adieu.
Le voyageur s'éloigne ; et voilà qu'un nuage
L'oblige de chercher retraite en quelque lieu.
Un seul arbre s'offrit, tel encor que l'orage
Maltraita le Pigeon en dépit du feuillage.
L'air devenu serein, il part tout morfondu,
Sèche du mieux qu'il peut son corps chargé de pluie,
Dans un champ à l'écart voit du blé répandu,
Voit un pigeon auprès : cela lui donne envie.

Il y vole, il est pris ; ce blé couvrait d'un lacs
Les menteurs et traîtres appâts.
Le lacs était usé ; si bien que de son aile,
De ses pieds, de son bec, l'oiseau le rompt enfin.
Quelque plume y périt ; et le pis du destin
Fut qu'un certain Vautour à la serre cruelle
Vit notre malheureux qui, traînant la ficelle
Et les morceaux du lacs qui l'avait attrapé,
Semblait un forçat échappé.
Le Vautour s'en allait le lier, quand des nues
Fond à son tour un Aigle aux ailes étendues.
Le Pigeon profita du conflit des voleurs,
S'envola, s'abattit auprès d'une masure,
Crut pour ce coup que ses malheurs
Finiraient par cette aventure ;
Mais un fripon d'enfant (cet âge est sans pitié)
Prit sa fronde, et du coup tua plus d'à moitié
La volatile malheureuse,
Qui, maudissant sa curiosité,
Traînant l'aile et tirant le pied,
Demi-morte et demi-boiteuse,
Droit au logis s'en retourna.
Que bien que mal elle arriva
Sans autre aventure fâcheuse.
Voilà nos gens rejoints ; et je laisse à juger
De combien de plaisirs ils payèrent leurs peines.

Amants, heureux amants, voulez-vous voyager ?
Que ce soit aux rives prochaines.
Soyez-vous l'un à l'autre un monde toujours beau,
Toujours divers, toujours nouveau ;
Tenez-vous lieu de tout, comptez pour rien le reste.
J'ai quelquefois aimé : je n'aurais pas alors
Contre le Louvre et ses trésors,
Contre le firmament et sa voûte céleste,
Changé les bois, changé les lieux
Honorés par les pas, éclairés par les yeux
De l'aimable et jeune Bergère
Pour qui sous le fils de Cythère
Je servis engagé par mes premiers serments.
Hélas ! quand reviendront de semblables moments ?
Faut-il que tant d'objets si doux et si charmants
Me laissent vivre au gré de mon âme inquiète ?
Ah ! si mon cœur osait encor se renflammer !

Ne sentirai-je plus de charme qui m'arrête ?
Ai-je passé le temps d'aimer ?

LES DEUX AMIS

Deux vrais Amis vivaient au Monomotapa :
L'un ne possédait rien qui n'appartînt à l'autre.
Les amis de ce pays-là
Valent bien, dit-on, ceux du nôtre.
Une nuit que chacun s'occupait au sommeil
Et mettait à profit l'absence du soleil,
Un de nos deux Amis sort du lit en alarme ;
Il court chez son intime, éveille les valets :
Morphée avait touché le seuil de ce palais.
L'Ami couché s'étonne, il prend sa bourse, il s'arme,
Vient trouver l'autre, et dit : « Il vous arrive peu
De courir quand on dort ; vous me paraissiez homme
À mieux user du temps destiné pour le somme.
N'auriez-vous point perdu tout votre argent au jeu ?
En voici. S'il vous est venu quelque querelle,
J'ai mon épée, allons. Vous ennuyez-vous point
De coucher toujours seul ? Une esclave assez belle
Était à mes côtés : voulez-vous qu'on l'appelle ?
– Non, dit l'Ami, ce n'est ni l'un ni l'autre point.
Je vous rends grâce de ce zèle.
Vous m'êtes en dormant un peu triste apparu ;
J'ai craint qu'il ne fût vrai, je suis vite accouru.
Ce maudit songe en est la cause. »

Qui d'eux aimait le mieux ? que t'en semble, lecteur ?
Cette difficulté vaut bien qu'on la propose.
Qu'un ami véritable est une douce chose !
Il cherche vos besoins au fond de votre cœur ;
Il vous épargne la pudeur
De les lui découvrir vous-même.
Un songe, un rien, tout lui fait peur
Quand il s'agit de ce qu'il aime.

C'est à Château-Thierry, aux confins de la Champagne et de l'Ile-de-France, que se livra, du 8 juillet 1621 jusque vers l'année 1660, date de l'installation définitive de La Fontaine à Paris, cette tentation des vices et des vertus bourgeois qui fut la première et non la moins dangereuse.

L'enfance de La Fontaine ne ressemble à aucune autre enfance de poète. La caractéristique des enfants qui seront de grands poètes est, en général, triple : d'abord, ils sont, dès leur plus jeune âge, victimes ou serviteurs de leur génie, soit qu'ils en aient conscience, soit que ce génie les oriente malgré eux vers ce qui doit le nourrir ; ils ont, en second lieu, une enfance marquée d'événements spirituels, premières inspirations, liaisons avec des études, des professeurs, passions avec des livres ; enfin, ils se sentent naturellement en opposition avec leur entourage ou leur future carrière. Qu'il s'agisse de Ronsard ou de Racine, de Musset ou de Rimbaud, tous ont essayé de graver leur nom sur la gloire à l'âge où tous les autres écoliers gravent leur nom sur les tables. Toutes ces enfances illustres ont déjà une évidence illustre ; elles trouvent des témoins qui déjà en notent les épisodes ou en collectionnent les singularités. L'adolescence de Goethe ou celle de Hugo nous sont plus connues que celle d'aucun de nos rois, et il s'est penché plus de curiosité et de dévouement sur Racine enfant que sur Napoléon à Longwood. Or, il n'est pas de témoins de l'enfance de La Fontaine. Ses biographes cherchent en vain à lui donner des maîtres, et le déménagent, sans argument aucun, du collège de Château-Thierry au collège de Reims. Le petit La Fontaine n'a pas écrit de vers, de premiers vers. Il n'a pas couvert de notes au crayon ou à l'encre un auteur français ou grec. L'unique renseignement, – en admettant qu'il s'agisse de lui, – à propos de La Fontaine enfant, est une phrase écrite sur un livre de classe, un Lucien, par un de ses contemporains, et elle ne laisse aucun doute, quant à l'absence complète sur notre écolier des stigmates de la prédestination.

La Fontaine, est-il écrit, *bon garçon fort sage et fort modeste.*

Ce n'est pas que nous manquions de renseignements sur la famille ; ce n'est pas qu'elle vécût à l'écart ou qu'elle fût réduite. Nous savons, au contraire, par les actes notariés et les archives, tous ses tenants et aboutissants ; nous savons ses démêlés avec la branche Pidoux, qui avait de grands nez et l'esprit de domination ; nous savons son alliance avec la famille Héricart, dont les prénoms préférés étaient Colette et Agnès, à part une Jeanne que Racine épousa ; nous savons que le père avait pris, sans y avoir droit, le titre d'écuyer, – d'où procès ; qu'il empruntait aux Pidoux, et ne rendait que difficilement ses prêts, – d'où procès. Nous savons le nom du curé qui l'a baptisé, et qui portait un nom bien choisi pour recevoir La Fontaine en ce monde : M. le curé de La Vallée. Et les cousins Petit, qui tiennent le grenier à sel ; et les cousins Josse, des Eaux et Forêts ; et les cousins Pintrel, autres créanciers, se disputent pour fournir son parrain. Nous savons que les cousins Jannart figurent avec Charles de La Fontaine dans un baptême de cloches et que les cousins Pintrel, qui avaient la particularité d'être innombrables, encombraient la forêt les jours de chasse à courre. C'était la meute Pintrel. Et tous ceux, civils ou religieux, qui ont marié la grande demi-sœur de La Fontaine, Anne de Jouy, qui ont baptisé son petit frère Claude, nous en savons les noms et prénoms. Il existe bien une tradition qui veut que la cousine de La Haye ait été, comme on dit à cette époque, « médiocrement cruelle au poète », mais c'est tout, et il était déjà sorti de l'adolescence. Et nous savons tout ce qui s'est passé à Château-Thierry pendant les vingt premières années de La Fontaine : le concours de l'Arquebuse, la cavalcade du Val-Secret, le séjour de Louis XIII et de Richelieu, le pillage par les Lorrains. Et nous avons intact le plan de cette enfance. Non seulement subsiste dans le Château-Thierry de nos jours le Château-Thierry ancien, avec les mêmes églises, les mêmes tours, les mêmes rues ; mais il subsiste, à peine touchée par les ans, la maison même de La Fontaine, avec le jardin de La Fontaine, avec la cave de La Fontaine. Ses pas d'enfant n'ont pas laissé sur ce plan plus de trace que ses actes d'enfant dans la mémoire de ses contemporains. Seuls, l'inflexion de la Marne entre les bosquets, et l'ondulation des champs vers La Ferté-Milon, et les rouliers encapuchonnés dans leur limousine et guidant par leur présence l'attelage dans la pluie ou le grésil, et la pureté du soir tombant sur le jardin public ; seul ce mirage de la France que donne à toutes les heures l'Ile-de-France, nous offrent de cette adolescence, quand nous nous rendons en pèlerinage là-bas, une image assez précise. Corot est le seul témoin d'enfance de La Fontaine. Bref, jamais personne, alors que tous ceux qui virent jeunes Mozart et Racine avaient l'impression et l'appréhension de se trouver devant une grande enfance, aucun des Pidoux, aucun des Héricart n'eut jamais le sentiment de se trouver devant La Fontaine enfant.

Ne faisons aucun reproche à ces contemporains. La faute en est à La Fontaine. S'ils n'ont rien remarqué, c'est justement que le petit La Fontaine n'avait pas d'hostilité vis-à-vis de cette vie provinciale et bourgeoise et qu'il n'y était pas, en raison de don ou de caractère spécial, un élément disparate ou éclatant. Médiocre dans ses études, médiocre dans ses actes, il était l'élément même dont se nourrissent et vivent les villes de province, le futur bourgeois de bonne fréquentation, de relations agréables et banales, le type de ces jeunes gens qu'engloutit, avec les jeunes filles du même type, ce minotaure sans dents qu'est la petite ville et la petite vie. Si cet Américain qui commande pour son parc les statues des grands hommes à l'âge de douze ans a un jour l'idée d'ériger la statue du petit La Fontaine, il n'a qu'à prendre au hasard, dans une classe française, dans la seconde moitié de la classe, de préférence, le fils du percepteur ou du receveur de l'enregistrement. La vraie ressemblance sera donnée par le noisetier ou le chêne devant lequel il aura placé la statue.

Remarquez bien que, dans le cas de La Fontaine, il ne peut être question de vocation contrariée. Bien au contraire. S'il avait voulu être enfant poète, rien ne l'empêchait. La légende qui veut que la bourgeoisie française combatte dans ses enfants le goût vers la poésie ou les arts est complètement fausse, et, sur ce point, Théophile Gautier a tort.

C'est une tradition dans les bonnes familles françaises, aussi bien qu'étrangères du reste, dit Théophile Gautier, *d'avoir la terreur d'un fils qui se destine à la littérature, et c'est une tradition de réprimer cette prétendue vocation naissante de tout le pouvoir que l'on a. Il n'y a qu'une exception à cette règle. Oui ; il y a eu un père, et je crois qu'il y a eu une mère aussi, qui ont poussé leur fils du côté de la carrière littéraire. Et quel était ce père, quelle était cette mère ? C'était le père et la mère de Chapelain. Pour une fois, véritablement c'est se tromper.*

Je crois bien que c'est Théophile Gautier qui se trompe. L'idéal, pour le fonctionnaire ou le petit rentier français, a toujours été d'avoir un fils poète, ou journaliste, ce qui revient au même, puisque le journal est, de nos jours, l'*Odyssée* et l'*Iliade* quotidiennes. Le cercle de famille qui s'agrandit à grand bruit, lorsque l'enfant paraît, pour citer Victor Hugo, devient un cercle délirant si, avec le doux regard qui brille, le bébé se met à ânonner *La Cigale et la Fourmi,* et il se reforme plus béat encore autour du jeune homme qui récite un sonnet à Sarah Bernhardt ou à l'École Polytechnique. Le nombre de veaux épars dans la campagne française correspond assez exactement au nombre de familles disposées à les immoler pour recevoir un fils poète et prodigue. Dans les pays où l'écrivain est une sorte d'être inspiré et maudit, il peut en être autrement. En France, non, où le vers est une élégance et un repos. Dans le cas précis qui nous occupe, le père de La Fontaine le poussait, au contraire, de toutes ses forces vers le métier poétique. Ce fonctionnaire adorait les vers, comme à peu près tout esprit cultivé en France. De 1550 à 1560, la versification était le seul loisir que s'accordât un peuple déchiré par les luttes religieuses, les conflits royaux, les ligues et les révoltes des seigneurs. Il ne s'agissait pas d'une inspiration profonde, d'accès de divination ou de blasphèmes. C'était au contraire, régnant sur les petites villes, les châteaux, les cours ducales ou princières, le désir inconscient de maquiller – de même que jamais on ne revêtit d'étoffes plus magnifiques des corps assez frustes et brutaux – des pensées et un langage qui, tout à coup, à cette aube du langage français, paraissaient trop secs et trop durs. Les Valois et les premiers Bourbons ont eu la plus belle collection de gants qui existe, et ils ont collectionné les vers dans le même amour du luxe. On les utilisait pour les prières, pour les lettres, même pour les graffiti. C'était l'époque des premières grandes plaques de verre et des premières tailles en pointe des diamants. Jamais il ne fut plus gravé sur les vitres de distiques amoureux ou badins. Chaque petite ville avait son dramaturge, qui tirait de l'Écriture ou de la mythologie une série de belles personnes encore figées comme des momies et auxquelles, par ce bel exercice de respiration qu'est l'alexandrin, ils redonnaient quelques-uns l'âme, et tous le souffle. C'était le départ, dans le début de ce siècle, de cette course de centaines d'Esthers, d'Astrées, d'Andromaques, de Psychés, d'Atalantes, dont beaucoup s'arrêtaient de fatigue, mais dont quelques-unes allaient gagner la ligne d'arrivée dans une incomparable forme. On découvrait et déblayait à ce moment, en France, les esprits des héros antiques comme il allait être à la mode, deux siècles plus tard, de déblayer en Orient leurs tombeaux réels. M. de La Fontaine père, qui ne se sentait pas doué pour les vers, poussait vivement son fils à le remplacer. Mais ce fils résistait, car il ne se sentait pas poète. Aucune trace, dans ses œuvres, de ces chocs que n'aurait pas manqué de donner à de jeunes sens la plus légère exaltation dans une nature qui a su atteindre au cœur l'enfance de Thibault de Champagne, de Gérard de Nerval, ou de Claudel. Le paysage qu'il a sous les yeux toute l'année est le même qu'avait Proust quelques semaines par an. Mais la même fuite de chemin sous les haies, qui se grava pour la vie dans Proust de la seconde où il la vit, le même jeu du ruisseau contre les plantes d'eau, le même tournant d'aubépine, qui devenaient dans l'âme du petit Marcel Proust une série de petites âmes particulières, restaient pour le petit La Fontaine les détails d'un monde tout extérieur et très indifférent. Si l'imagerie d'Épinal voulait donner une idée vraie du petit La Fontaine, elle n'y arriverait qu'en dessinant les images absolument contraires aux chromos qui servent pour la vie de Lamartine, et où l'on voit l'émotion de l'enfant Lamartine devant les épisodes du jour ou de la nuit. Le texte en serait ainsi conçu :

Le petit La Fontaine ne frissonne pas en entendant, de la meule de foin où il s'est couché, le murmure des peupliers. Il mange sa pomme.

Le petit La Fontaine ne dit pas des mots sans suite en regardant la lune dans l'étang. Il taille son bâton.

Le petit La Fontaine ne pleure pas en voyant un nuage naître tout à coup dans le ciel, et un oiseau en sortir. Il lance ce qui reste de sa pomme à l'oiseau.

Chacun a ses façons de se garder intact, mais la façon dont le petit La Fontaine se garda intact d'une liaison sentimentale avec la nature tient du prodige. Peut-être était-ce là la première tentation, celle du père poussant son fils vers une poésie hâtive et factice, l'obligeant à oblitérer d'impressions de second ordre une âme insuffisamment préparée, à alourdir de rythmes et d'élans artificiels une inspiration encore pure.

En tout état de cause, et pour en revenir à nos trois caractéristiques de l'enfant de génie, La Fontaine n'en possédait aucune : à vingt ans, il n'avait pas écrit un vers et n'avait pas eu l'idée d'en écrire. À vingt ans, il n'avait eu aucun conflit ni aucune passion spirituelle. Et enfin, à vingt ans, il se trouvait heureux au milieu de parents et d'amis qui s'empressaient à lui plaire, dans les conditions les plus agréablement réussies, pour le diriger, à travers une vie de jouissance tempérée, de travail très relatif et de considérations, vers une douce vieillesse, et vers cet enterrement cossu, intime, et réconfortant pour les invités qu'aurait dû être l'enterrement de La Fontaine. Tout le monde en était si bien convaincu, et lui-même, qu'on n'attendit même pas qu'il eût, comme les autres fils de famille, jeté sa gourme. Il avait si jeune les habitudes de ces vieux bourgeois qui ont su – aidés du jeu, du vin, du petit voyage à Paris, des aventures locales – créer entre La Ferté-Milon, Villers-Cotterêts et Château-Thierry une variété assez réussie d'existence épicurienne, qu'avant vingt-cinq ans il était maître des Eaux et Forêts, et, à vingt-six ans, marié. La charge, comme il convenait, était vieille : c'était celle du père et de la famille. La femme, elle, était même un peu plus jeune qu'il ne convenait : elle avait quatorze ans et demi. Il en faut moins pour fixer dans une ville un brave garçon sans ambition et porté aux joies provinciales. Sans compter que la charge était bien payée, la femme bien rentée. De plus énergiques que La Fontaine ont succombé à ces attraits. Il est même de grands poètes aussi qui se sont parfaitement accommodés de ces biens. En quoi ils ne pouvaient convenir à La Fontaine, et comment il leur a échappé, c'est ce que nous allons voir maintenant.

En quoi cette maîtrise des forêts était-elle un piège ? C'est ce que l'on ne perçoit pas tout d'abord. En fait, il ne semble pas, à première vue, que la charge de maître des Eaux et Forêts, la Capitainerie des chasses qui lui fut ensuite attribuée, pussent être contraires au génie de La Fontaine. C'est même exactement, si nous étions roi, et lui un de nos sujets, l'emploi que nous lui attribuerions, de même que nous nommerions conservateur à Chantilly M. Henri de Régnier, de même que nous donnerions cette même charge des Eaux et Forêts à M. de Pesquidoux ou à Francis Jammes. La plupart de ses biographes, d'ailleurs, n'ont pas manqué de voir dans l'attribution de cette mission un signe de la nature à La Fontaine et dans son exercice la source de ces impressions de campagne si réelles dans La Fontaine. L'un d'eux a même reconstitué la journée de l'inspecteur La Fontaine, avec des mots et des phrases tirés de ses œuvres :

L'inspecteur La Fontaine part à la fin de la nuit, « bon manteau bien doublé, bonne étoffe bien forte » ; il traverse les champs, « mouillé, fangeux, ayant au nez la bise ». Il suit le fleuve calme, « image du sommeil » ; il va « par pays, sans songer à rien ». Il voit naturellement les jeunes lapins « parmi le thym et la rosée », s'arrête pour prendre le déjeuner chez quelque brave paysan, dont la fille n'est pas à dédaigner, « auprès de lui la fait asseoir, prend une main, un bras, lève un coin du mouchoir, toutes sottises dont la belle se défend avec grand respect », et, après une inspection fertile en semblables épisodes, rentre chez lui, cependant que là-haut, « la nuit vient sur un char conduit par le silence ».

On peut dire aussi que ce qui renseigne le plus sur la vie des gens, des animaux ou des plantes, c'est encore leur mort, et que la fonction de La Fontaine était de régler justement cette fin, de bien veiller à ce que le sacrifice des êtres en question fût fait suivant les ordonnances royales, le barbeau et la brème pris quand ils auront plus de six pouces entre l'œil et la queue, la carpe par l'hameçon ou l'épervier et non en jetant dans l'eau de la noix vomique, le sanglier en temps de neige, le lièvre en temps de gelée. La Fontaine est en somme le contraire du braconnier. Il est donc déjà à demi fabuliste.

En ce qui me concerne, je doute fort de cette liaison directe de la nature et de la vocation de La Fontaine. D'abord, cela n'expliquerait pas toutes les fables, puisqu'il n'a certainement vu apparaître, entre Brie et Champagne, ni chameau ou dromadaire, et que la Marne charrie peu de singes à califourchon sur des dauphins. Entre cette poésie dont son père lui rebattait les oreilles, et qui était, à cette époque, un modèle d'artifice et d'invraisemblance, et les spectacles naturels, et même ces animaux dont les fables sont remplies, l'esprit de La Fontaine n'établissait alors aucune liaison. Ne nous représentons pas La Fontaine comme Fabre. Il n'y a de grands auteurs que les divinateurs. La vérité des animaux dans la fiction est celle que l'artiste créateur donne et non celle qu'il subit. Il est injuste de dire que les animaux de La Fontaine sont faux, sont des caricatures humaines. Ce qui est extraordinaire, au contraire, c'est que, sous le travestissement que leur inflige l'apologue, ils aient leurs mouvements, leurs inquiétudes ou leur insouciance, et jusqu'à leur poil ou leurs plumes d'animaux ; mais ce n'est pas qu'il les ait étudiés et copiés, c'est qu'un animal créé de toutes pièces par La Fontaine contient une part de vérité suffisante et qui est la vérité de La Fontaine. Si La Fontaine n'avait jamais vu de perdrix, l'idée de la perdrix, dans sa sensibilité, eût dicté le même début à sa fable :

Quand la perdrix
Voit ses petits
En danger, et n'ayant qu'une plume nouvelle ;

et s'il n'avait eu que l'idée de la colombe, sans en avoir vu lui-même, il aurait écrit aussi ce vers, que Taine attribue à une observation passionnée et méticuleuse des mœurs animales :

Le long d'un clair ruisseau buvait une colombe ;

de même que ce n'est ni parce que Racine avait étudié le jour et examiné les cœurs qu'il écrivait :

Le jour n'est pas plus pur que le fond de mon cœur.

La réalité si frappante du coq de bataille vu par le souriceau :

« ... turbulent, et plein d'inquiétude.
Il a la voix perçante et rude ;
Sur la tête un morceau de chair ;
Une sorte de bras dont il s'élève en l'air,
Comme pour prendre sa volée ;
La queue en panache étalée.
... Faisant tel bruit et tel fracas,
Que moi, qui grâce aux Dieux de courage me pique,
En ai pris la fuite de peur,
Le maudissant de très bon cœur. »

Cette réalité d'un oiseau aussi insistant et familier ne l'est pas davantage que celle des animaux que La Fontaine n'a pas vus ou n'a fait qu'entrevoir : la gazelle, l'éléphant ou le léopard.

La gazelle s'allait ébattre innocemment,
Quand un chien, maudit instrument
Du plaisir barbare des hommes,
Vint sur l'herbe éventer les traces de ses pas :
Elle fuit...

Les animaux réels sont vrais chez La Fontaine dans la mesure où y sont vrais les animaux exotiques et chimériques. Rappelez-vous la visite de Psyché avec sa cruche à la fontaine de Jouvence, et le discours qu'elle tient au dragon qui la gardait :

Dragon, gentil dragon à la gorge béante,
Je suis messagère des dieux :
Ils m'ont envoyée en ces lieux
T'annoncer que bientôt une jeune serpente,
Et qui change au soleil de couleur comme toi,
Viendra partager ton emploi.
Tu te dois ennuyer à faire cette vie ;
Amour t'enverra compagnie.
Dragon, gentil dragon, que te dirai-je encor
Qui te chatouille et qui te plaise ?
Ton dos reluit comme fin or :
Tes yeux sont flambants comme braise.

Tous ceux qui ont vu des dragons reconnaîtront l'exacte ressemblance. La vérité est que La Fontaine a compris les animaux parce qu'il avait le sentiment du vol, de la fuite, de la chaleur animales, et de même il a compris les plantes et les eaux parce qu'il avait le sentiment de l'ondulation, du frémissement et de la plainte. Nous aurons sans doute encore l'occasion de parler des animaux de La Fontaine, mais je voulais, aujourd'hui, vous montrer que la charge des Eaux et Forêts, loin d'être une antichambre, appréciée par lui-même, à la poésie, ne représentait pour le jeune maître qu'une fonction stérile et finalement nuisible à son génie. Le paysage de l'Ile-de-France et de la Champagne ne l'a jamais exalté, et si sa poésie lui doit beaucoup, sa vocation poétique ne lui doit rien. Nous avons, sur ce point, un renseignement précis : le choc qui décida tout à coup La Fontaine à être poète ne fut causé ni par le vent, ou les frondaisons, ni par le crépuscule ou les roseaux, mais par l'audition du poème le plus conventionnel et le plus froid que poète ait jamais écrit. Un officier en garnison à Château-Thierry lut un jour devant lui l'ode composée par Malherbe au sujet de l'attentat commis sur Henri IV, en 1605, sur le Pont-Neuf. Voici la strophe qui plongea La Fontaine dans un état de transes qui déterminèrent sa vocation :

Que direz-vous, races futures,
Si quelquefois un vrai discours
Vous récite les aventures

De nos abominables jours ?
Lirez-vous, sans rougir de honte,
Que notre impiété surmonte
Les faits les plus audacieux
Et les plus dignes du tonnerre
Qui firent jamais à la terre
Sentir la colère des cieux ?

C'est ce triomphe de la déclamation, cette complainte de Fualdès pour souverains qui détermina dans le cœur du plus naturel de nos poètes le déclic qu'une vie de trente ans avec la nature n'avait pas obtenu. Il l'écouta, nous raconte un de ses contemporains, avec des transports mécaniques de joie, d'admiration, d'étonnement, puis de délire... C'est ainsi que, maître des Eaux et Forêts, La Fontaine évita le piège tendu par la sensiblerie et la sentimentalité dans tous les fourrés et les étangs de son district en allant justement déclamer toute une année dans les bois les vingt-deux strophes de ce monument d'emphase. C'est ainsi peut-être aussi que nous avons évité un Jean-Jacques Rousseau et un Lamartine avant la lettre.

Les pièges que lui tendirent la vie bourgeoise et la vie familiale étaient plus dangereusement posés. La Fontaine n'avait la chance ni d'être orphelin ni d'être insociable. Toutes les avenues de la liberté qu'il cherchait inconsciemment dans l'espace même l'amenaient toujours à un cousin, c'est-à-dire à un bon repas et à ces soirées de famille qui sont les impasses du bonheur bourgeois. Ce n'étaient pas des dragons à ventre d'or qui lui barraient la route, quand il allait à La Ferté-Milon, à Paris, à Coulommiers, mais toujours les Pidoux en sentinelle, ou les Jannart ou les Josse. Les victoires de Turenne avaient ramené la paix dans le pays. Ce n'étaient que banquets, que parties, qu'aventures où La Fontaine tenait joyeusement sa place. Les avenues de la liberté dans son esprit n'étaient pas moins surveillées. Chaque fois que La Fontaine pouvait prétendre à avoir l'esprit libre, arrivait illico ce qui varie d'habitude la vie des bourgeois dans leur médiocre acheminement vers la mort : les brouilles de famille, les questions d'argent. À cause des dettes de son père, de sa propre incurie, les démêlés ou les compromissions avec les créanciers se succèdent sans arrêt. Autant nous sommes peu renseignés encore sur les essais poétiques de La Fontaine, autant nous connaissons avec précision le nombre de louis et d'écus qu'il doit à sa belle-mère, qui les doit elle-même à M. Castel, qui les récupérera de la sœur de La Fontaine, grâce à une substitution de dettes opérée en sa faveur aux bénéfices du cousin Jannart. Toutes les opérations financières de La Fontaine ont cette simplicité. Il est pris dans un réseau d'arrérages à payer, de rentes à abandonner au profit d'intérêts qu'il abandonne eux-mêmes pour récupérer l'argent avancé par Maucroix. Le chiffre ne fait rien à l'affaire. Pour les 12 écus d'argent qu'il doit à son oncle Jannart, il échafaude autant de combinaisons que pour les 4 067 livres que les enfants Pidoux lui réclament. Histoires de dots, de successions, de ventes, d'hypothèques, se succèdent pour empêtrer notre ami dans les responsabilités provinciales. Sa charge d'ailleurs ne l'appelle pas qu'à la campagne. Une fois par semaine, l'épée au côté, il siège à l'audience de la judicature, préside aux adjudications, taxe les délinquants, dirige les coupes et les ventes de glandées. Les responsabilités conjugales arrivent à leur tour. Dès vingt-six ans, son père l'a marié, et non pas pour s'en débarrasser, mais, au contraire, parce qu'il adore la famille et parce qu'il veut se voir entouré constamment d'enfants et de petits-enfants. Ce n'est vraiment pas de chance, pour un père qui aime la famille, d'en avoir choisi comme clef de voûte La Fontaine... Et La Fontaine, qui est l'aîné, ne peut guère résister aux supplications d'un père qu'il aime, d'autant plus que la dot de Mlle Héricart, en argent et en immeubles, n'est pas inférieure à trente mille livres. À ces qualités de fonctionnaire, de propriétaire, de débiteur, de fils soumis, de frère chéri, de notabilité locale, d'ami du vin et des fêtes, de joueur attitré, notre malheureux être libre ajoute celles de mari, de père, de tuteur, de parrain, et bientôt d'époux d'une précieuse à salon littéraire. Aucun tableau de Hogarth ne contient autant d'allégories menaçantes pour la perdition de l'âme de son bourgeois que la ville de Château-Thierry n'offre de personnes bien réelles et souvent bien décidées à enlever à La Fontaine toute possibilité d'évasion.

Et pourtant il s'évade... En quelques années, sans que personne s'en soit aperçu, le père est seul, la femme seule, le fils confié à des amis, le frère écarté pour toujours, la maison abandonnée, les propriétés vendues, la charge évanouie. Tous les biens et les responsabilités terrestres sont tombés de lui comme d'un révolté ou d'un saint, et sans qu'il y ait eu la moindre révélation.

Quelle est l'arme par laquelle La Fontaine a vaincu cette tentation ? Nous verrons qu'il en a une spéciale pour chacun de ces cinq épisodes. Cette fois, c'est la distraction.

Cette distraction n'était pas une forme de l'égoïsme. Tous ses contemporains ont été d'accord pour dire qu'il était bon, prodigue et généreux, facilement attendri et facilement attaché. Envers sa femme, dont nous ferons plus ample connaissance mercredi prochain, il n'a jamais témoigné, même quand ils vécurent séparés, qu'estime et intérêt. En fait, il n'était pas sans aimer tout ce qu'il a quitté. Aucun des membres de cette famille n'a jamais, d'ailleurs, songé à lui reprocher cette distraction des devoirs terrestres comme un abandon, ou une fugue, ou une désaffection. On lui trouvait, même bien avant que La Fontaine fût célèbre, une sorte de justification supérieure, qui donnait à cette famille abandonnée elle-même un certain renom et une certaine auréole. Ce ne fut pas l'Assistance publique qui s'occupa du fils de La Fontaine et l'adopta comme elle devait le faire du fils de Rousseau, mais un haut personnage ; sa femme ne mourut point à l'hôpital, comme Thérèse, mais dans la gloire de sa renommée provinciale, fort révérée et bien rentée par de riches amis du poète. Aucune compassion dans cet empressement à leur égard, aucune réparation officielle. On les entretenait comme on entretient la famille de quelque apôtre public, comme doit être entretenue aux Indes la famille de Gandhi, comme s'ils avaient cédé leur père et époux pour une mission d'État. Mais le particulier, dans le cas de La Fontaine, est qu'il avait su faire admettre le principe de cette mission, alors que personne, et pas même lui-même, n'en avait le moindre soupçon.

Cette distraction n'était pas davantage une complaisance de La Fontaine envers une vie intérieure trop riche ni un dédain de la vie extérieure. La plus rapide lecture de ses œuvres nous prouve que La Fontaine ne pensait pas, et la connaissance de sa vie nous montre que ce qu'il a le plus aimé au monde, c'est le contact avec les hommes. Les distraits classiques, les astronomes que l'on dépeint tombant dans un puits, ou les savants écrivant à la craie des binômes sur la face arrière d'un fiacre qu'ils prennent pour le tableau noir, sont justement des personnages terriblement conséquents dans leurs idées et têtus dans leur raisonnement. Même dans sa vie intérieure, La Fontaine devait être aussi distrait que dans l'existence courante, aussi peu conséquent vis-à-vis des mythes ou des figures qu'il créait que vis-à-vis de son propre fils, et s'il avait rencontré Psyché, sa fille spirituelle, il aurait agi avec elle comme avec le fils de sa chair, il aurait bavardé et admiré sans la reconnaître. Nous avons, par de nombreux contemporains, des descriptions de cette distraction. Descriptions sincères et sans tendances. La Fontaine a eu la chance de vivre à une époque où les théories des psychiatres n'avaient pas fait de la subconscience une personne terriblement plus raisonneuse et claire que la conscience elle-même. Les narrateurs ne nous montrent pas un La Fontaine visité, possédé, habité par un propriétaire intérieur, mais un brave homme, qu'ils appellent d'ailleurs le Bonhomme, très sociable, gai, mais sujet à des mouvements et à des silences inexplicables. Vous vous rappelez l'aventure de La Fontaine se levant subitement dans un dîner en prétendant qu'il devait arriver à temps à l'Académie et, comme on lui faisait remarquer qu'il avait encore deux heures devant lui, répondant :

– Cela ne fait rien, j'irai par le plus long.

C'est la réponse d'un homme qu'on éveille. Et, en effet, c'est du côté du sommeil que nous trouverons l'explication. De là vient une absence complète de réaction – j'entends de réaction civilisée. Le coefficient de naturel dans l'alliage qui a donné La Fontaine, ajouté à cette torpeur, est si supérieur au titre généralement utilisé pour confectionner l'homme, qu'il n'a plus les réflexes habituels, non seulement aux gens de son siècle, mais même à sa civilisation. Les plus belles passions sont comme les mœurs, sont comme les habitudes : ce sont des conquêtes de la mode et de la civilisation. La Fontaine n'a pas d'habitudes humaines. Il n'a pas la réaction du fonctionnaire, qui tient à sa place, ni celle du mari, ou du père. Il ne répond pas aux questions. Il ne répondrait pas aux injures. Si vous retirez à un homme ces réflexes qui sont l'amour-propre, l'orgueil, l'ambition, l'intérêt, l'incapacité à s'intéresser au médiocre, il suffit peut-être d'y ajouter le don, pour obtenir un personnage assez semblable à La Fontaine et pour laisser, en effet, tomber de soi et famille et fonction.

Mais je crois que cette distraction est, avant tout, une volupté physique. Elle est une espèce d'aise dont La Fontaine a besoin comme d'une drogue. En général, les poètes prétendent que c'est dans leurs moments de distraction qu'ils trouvent leurs vers. Personne ne nous dit que La Fontaine trouvait ses vers en rêvant. Au contraire, les jours où il rêvait, il ne faisait rien. Les vers, pour un poète, c'est le travail. L'inspiration est à l'usage des bourgeois. Il fallait qu'il se mît à table, qu'il grattât et raturât du papier, et non, comme son opposé Lamartine, qu'il composât ses élégies en les clamant dans le vent et dans la tempête. Il n'aime, d'ailleurs, aucun de ces éléments excitants que sont le vent et la tempête. Il n'a jamais vu la mer et ne désire pas la voir. Il n'a vu de montagne que les collines du Limousin, et elles lui font horreur. Puisque notre thème nous amène à comparer La Fontaine à saint Antoine, disons que sa distraction est simplement une espèce d'extase laïque avec tous les caractères de l'extase : le bien-être, la tiédeur, l'oubli des maux, et une insensibilité complète à la présence d'amis ou d'importuns. Aussi il n'a jamais aimé vraiment que les conditions propices non pas à l'inspiration, mais à l'extase, les campagnes heureuses, les vallons, et, quand il l'eut découvert un soir à Paris même, sur la terrasse de l'hôtel de Bouillon à Reuilly, le firmament... Pendant vingt-cinq ans de vie à la campagne, ce distrait de La Fontaine n'avait jamais découvert la nuit... Mais cette extase avait ceci de particulier qu'au lieu de déformer sa vision ou de l'amplifier, elle la précisait et la centrait. Il subissait ces larges élancements de quiétude qui lui ont donné l'ondulation même de ses vers, mais, en même temps, il ne quittait pas ce monde pour un autre. Sa drogue, c'était l'opium du réel. De sorte que les rêveries de La Fontaine lui ont permis justement d'atteindre un domaine que bien peu ont atteint avec les microscopes et les stéthoscopes : le domaine réel du cœur humain et de la nature, son annexe. Chacun sait quelles furent les deux passions favorites de La Fontaine : la solitude et le sommeil. Le caractère spécial de sa distraction lui a permis de les avoir toujours tous deux à son côté, de trouver la solitude en s'asseyant au centre du salon et du cercle le plus bavard, et le sommeil en ouvrant les yeux.

Et nous voici au terme de ce premier épisode de sa vie. Tels sont les talismans qui ont permis à La Fontaine de se garder intact et isolé à travers une longue jeunesse où tout se conjurait pour le compromettre dans l'existence bourgeoise : l'absence de réflexes et une grande envie de dormir. Il approche de sa trentième année, il va vers la ville. De quoi vont lui servir ces talismans contre la tentation qui se prépare, celle qu'ont subie avec plus ou moins de succès tous les purs et les forts, dans leur premier déplacement, aussi bien Siegfried que Julien Sorel, ou que ce Samson qui résume ainsi dans Vigny sa situation et celle de notre Champenois :

Il ira vers la ville, et, là, les vierges folles
Le prendront dans leurs rets aux premières paroles.

L'absence de réflexe et le besoin de sommeil semblent plutôt, dans un tel cas, des prédispositions à une défaite précoce et abondante. Comment cette âme amoureuse de tous les plaisirs et de toutes les paresses traversera-t-elle, sans en être oblitérée, une carrière où déjà l'attendent en embuscade, sous les espèces les plus variées, les plus captivantes et les plus redoutables, les périls féminins, c'est ce que nous verrons mercredi prochain. Et de même que M. Roger Karl, en vous disant quelques fables, vous a montré par avance l'enjeu littéraire de la vie de La Fontaine, il va, maintenant, vous en montrer l'enjeu moral, en laissant La Fontaine lui-même, dans ce discours à Mme de La

Sablière, écrit presque à la fin de ses jours, décrire, une fois sauvé, ce caractère que tout, aujourd'hui, se conjure pour perdre.

Ici, M. Roger Karl donne lecture du discours à Mme de La Sablière :

DISCOURS À MADAME DE LA SABLIÈRE

Désormais que ma muse, aussi bien que mes jours,
Touche de son déclin l'inévitable cours,
Et que de ma raison le flambeau va s'éteindre
Irai-je en consumer les restes à me plaindre,
Et prodigue d'un temps par la Parque attendu,
Le perdre à regretter celui que j'ai perdu ?
Si le ciel me réserve encor quelque étincelle
Du feu dont je brillais en ma saison nouvelle,
Je la dois employer, suffisamment instruit
Que le plus beau couchant est voisin de la nuit.
Le temps marche toujours ; ni force ni prière,
Sacrifices ni vœux, n'allongent la carrière :
Il faudrait ménager ce qu'on va nous ravir.
Mais qui vois-je que vous sagement s'en servir ?
Si quelques-uns l'ont fait, je ne suis pas du nombre ;
Des solides plaisirs je n'ai suivi que l'ombre ;
J'ai toujours abusé du plus cher de nos biens.
Les pensers amusants, les vagues entretiens,
Vains enfants du loisir, délices chimériques ;
Les romans et le jeu, peste des républiques,
Par qui sont dévoyés les esprits les plus droits,
Ridicule fureur qui se moque des lois ;
Cent autres passions, des sages condamnées,
Ont pris comme à l'envi la fleur de mes années.
L'usage des vrais biens réparerait ces maux,
Je le sais, et je cours encore à des biens faux.
Je vois chacun me suivre : on se fait une idole
De trésors, ou de gloire, ou d'un plaisir frivole.
Tantales obstinés, nous ne portons les yeux
Que sur ce qui nous est interdit par les cieux.
Si faut-il qu'à la fin de tels pensers nous quittent ;
Je ne vois plus d'instants qui ne m'en sollicitent.
Je recule, et peut-être attendrai-je trop tard ;
Car, qui sait les moments prescrits à son départ ?
Quels qu'ils soient, ils sont courts ; à quoi les emploierai [-je ?
Si j'étais sage, Iris (mais c'est un privilège

Que la nature accorde à bien peu d'entre nous),
Si j'avais un esprit aussi réglé que vous,
Je suivrais vos leçons, au moins en quelque chose :
Les suivre en tout, c'est trop ; il faut qu'on se propose
Un plan moins difficile à bien exécuter,
Un chemin dont sans crime on se puisse écarter.
Ne point errer est chose au-dessus de mes forces ;
Mais aussi, de se prendre à toutes les amorces,
Pour tous les faux brillants courir et s'empresser !
J'entends que l'on me dit : « Quand donc veux-tu cesser ?
Douze lustres et plus ont roulé sur ta vie :
De soixante soleils la course entre-suivie
Ne t'a pas vu goûter un moment de repos :
Quelque part que tu sois, on voit à tous propos
L'inconstance d'une âme en ses plaisirs légère,
Inquiète, et partout hôtesse passagère ;
Ta conduite et tes vers, chez toi tout s'en ressent ;
On te veut là-dessus dire un mot en passant.
Tu changes tous les jours de manière et de style,
Tu cours en un moment de Térence à Virgile :
Ainsi rien de parfait n'est sorti de tes mains.
Eh bien ! prends, si tu veux, encor d'autres chemins,
Invoque des neuf Sœurs la troupe tout entière ;
Tente tout, au hasard de gâter la matière :
On le souffre excepté tes contes d'autrefois. »
J'ai presque envie, Iris, de suivre cette voix ;
J'en trouve l'éloquence aussi sage que forte.
Vous ne parleriez pas ni mieux, ni d'autre sorte :
Serait-ce point de vous qu'elle viendrait aussi ?
Je m'avoue, il est vrai, s'il faut parler ainsi,
Papillon du Parnasse, et semblable aux abeilles
À qui le bon Platon compare nos merveilles :
Je suis chose légère, et vole à tout sujet ;
Je vais de fleur en fleur, et d'objet en objet ;
À beaucoup de plaisirs je mêle un peu de gloire.
J'irais plus haut peut-être au temple de Mémoire,
Si dans un genre seul j'avais usé mes jours ;
Mais, quoi ! je suis volage en vers comme en amours.
En faisant mon portrait, moi-même je m'accuse,
Et ne veux point donner mes défauts pour excuse :
Je ne prétends ici que dire ingénument
L'effet bon ou mauvais de mon tempérament.
À peine la raison vint éclairer mon âme
Que je sentis l'ardeur de ma première flamme.
Plus d'une passion a depuis dans mon cœur

Exercé tous les droits d'un superbe vainqueur.
Tel que fut mon printemps, je crains que l'on ne voie
Les plus chers de mes jours aux vains désirs en proie.
Que me servent ces vers avec soin composés ?
N'en attends-je autre fruit que de les voir prisés ?
C'est peu que leurs conseils, si je ne sais les suivre,
Et qu'au moins vers ma fin je ne commence à vivre :
Car je n'ai pas vécu ; j'ai servi deux tyrans :
Un vain bruit et l'amour ont partagé mes ans.
Qu'est-ce que vivre, Iris ? Vous pouvez nous l'apprendre.
Votre réponse est prête ; il me semble l'entendre :
C'est jouir des vrais biens avec tranquillité ;
Faire usage du temps et de l'oisiveté ;
S'acquitter des honneurs dus à l'Être suprême ;
Renoncer aux Phylis en faveur de soi-même ;
Bannir le fol amour et les vœux impuissants,
Comme hydres dans nos cœurs sans cesse renaissants.

LA TENTATION DES FEMMES

MESDAMES, MESDEMOISELLES,
MESSIEURS,

Voici donc le jeune La Fontaine, qui a laissé tomber de lui famille, métier, passé et avenir provinciaux, face à face avec sa vocation, et s'asseyant, pour lire le livre qu'il a sous le bras, sur la première borne de la route qui doit le mener aux fables. Et c'est aussi, voilà bien le péril, la route de Paris. Et ce livre n'est pas l'honnête Ésope, mais c'est Boccace, le plus licencieux des conteurs. Et il a un autre livre dans la poche droite qui n'est pas l'honnête Phèdre, mais l'Arétin. Et un autre dans la poche gauche, qui est l'*Heptaméron*. Il ne se doute pas que, dès cette minute, le pire des dangers l'attend.

Pourquoi est-ce un danger pour lui ? Pourquoi les femmes seraient-elles pour ce poète un péril alors que, pour tous les autres, elles ont été un adjuvant ? Jamais époque n'a été plus riche en vertus féminines. Les héroïnes de la Fronde ont les deux qualités qui peuvent changer en amour le sentiment le plus primitif : à savoir le courage et le goût de la préciosité. Les grandes œuvres, que ce soient les *Maximes* de La Rochefoucauld ou les *Mémoires* du cardinal de Retz, vont naître dans leurs salons et sous leur impulsion. Tout le siècle s'apprête à bâtir sur l'amour son histoire et sa morale. Celle qui sera la Mancini est née, et celle qui sera la Montespan, et celle qui sera la Maintenon. Toute la vie de cour, pour le roi et les courtisans, ne va plus être qu'un perpétuel et le plus souvent assez noble enchevêtrement et dénouement de complications sentimentales. Si les architectes font en ce moment le plan des palais que va habiter la royauté, Racine s'occupe à préparer dans ses tragédies le plan des âmes royales. Et la Champmeslé est née. Et la Béjart. La comédie et la tragédie inaugurent leur étroite liaison avec la comédienne et la tragédienne. Et les femmes iront aussi loin que les hommes, non seulement dans cette étude raffinée du cœur qui succède aux poétiques verbiages de Malherbe, – je pense à Mme de La Fayette et à la princesse de Clèves –, mais dans l'exercice d'une mission spirituelle, qu'elle soit celle de la bonté ou de la croyance forcenée, – je pense à Mme de Schomberg ou à Angélique Arnauld. En quoi l'image de ce jeune homme allant vers la ville où il trouvera de telles figures féminines peut-elle se comparer à la tentation de l'ermite par les sorcières qui sont belles, mais qui ont une queue ? Pourquoi n'avons-nous pas les mêmes craintes lorsque le jeune Racine, qui est né tout près, à trente kilomètres de Château-Thierry, se précipite sur la même route, les poches gonflées aussi de ses auteurs, mais infiniment plus frémissant encore et infiniment plus aveugle ? Pourquoi les femmes, la fréquentation, la connaissance pratique des femmes, la divination des femmes, qui ont été indispensables pour la venue au monde d'Andromaque et de Célimène, risquaient-elles d'être pour La Fontaine un amoindrissement de talent et d'inspiration ? Je crois que nous pouvons déjà le pressentir si nous traçons d'une façon un peu précise le portrait de La Fontaine.

Commençons par son portrait physique : il est assez encourageant. La Fontaine a tout ce qu'il faut pour plaire, et même à un cœur exigeant. Il n'est pas précisément beau. Il a un nez fureteur et long, le nez des cousins créanciers Pidoux, auxquels il aimerait bien ne devoir que son nez. Il a une large bouche. Mais la taille est haute, le buste est noble. Il nous reste de lui de nombreux portraits et une miniature, maintenant au Louvre, où il est peint vers la trentaine. Ces tableaux ne nous présentent nullement le poète déjeté et mal soigné que des illustrations plus modernes ont rendu classique. La Fontaine, à cette époque, n'est ni un Rousseau, ni même un Töpffer. Sur tous, nous voyons la malice, l'esprit, l'indépendance, et nous sommes surpris, sur tous, de l'élégance du costume. Tous les témoignages d'ailleurs, sur ce point, sont unanimes et détruisent la légende du fabuliste habillé de guingois et barbouillé de tabac à priser, qui a fait de La Fontaine un La Fontaine des pauvres. En fait, il n'y a eu qu'un La Fontaine des riches. Tallemant nous dit qu'il était excessivement propre et excessivement coquet. Ses perruques sont impeccables. Il en a de brunes, de noires, de châtaines, de blondes. Elles sont ravissamment bouclées. Ses vêtements ne le leur cèdent pas. Depuis l'époque de ses bottes en cuir blanc et de ses élégances de Château-Thierry, La Fontaine n'a pas démérité.

Sur la miniature, il porte un vêtement jaune à revers violets, un nœud rouge et un rabat de dentelle. Sur le portrait de Reims, il a un magnifique manteau rouge doublé de marron, et c'est la cravate, cette fois, qui est en dentelle, et sur celui de Versailles un vêtement jaune sur lequel est jeté un manteau de noir moiré, avec de magnifiques manchettes. Bref, du linge, et du linge toujours brillant, ce qui ne concorde guère avec l'idée d'un bohème besogneux et d'un priseur malhabile. L'anecdote qui nous montre Boileau irrité d'une digression intempestive de La Fontaine sur les divinités, lui faisant remarquer qu'il avait un bas à l'envers, nous prouve, par la confusion même du poète, que la distraction à sa toilette devait être beaucoup plus rare que sa distraction à la messe ou au prône. On peut, d'ailleurs, mettre à l'envers un bas de prix, et la culotte de Dagobert était de velours. Par le fait de cette seule élégance, le jeune La Fontaine, qui s'habille, d'ailleurs, en mangeant la dot de sa femme, n'appartient pas encore à la variété des poètes qu'on nourrit et qu'on héberge, mais à la variété des poètes qu'on aime. Du moment qu'il s'habille et qu'il a soin de ses boucles, tout jeune provincial qui va à la ville est qualifié pour des amours de premier ordre.

Le portrait moral de La Fontaine nous laisse plus d'appréhensions et ne nous permet pas grande illusion sur l'idéal amoureux qu'il va rechercher dans sa vie.

En premier lieu, le jeune La Fontaine n'a eu autour de lui ni les femmes réelles ni les femmes imaginaires qui pouvaient lui donner une morale du cœur. Sa mère semble être morte alors qu'il était fort jeune, et n'a pas laissé le moindre souvenir ; sa demi-sœur s'est mariée quand il était enfant. De la maternité, de la liaison fraternelle, il n'a rien soupçonné et rien connu. Les mères sont absentes de son œuvre, et les sœurs, et même les cousines. Alors qu'il semble très au courant de l'amour de la mère chat-huant pour ses petits, ou de l'oie ou de la mère rate, ou de la mère écrevisse, il n'est question qu'une fois des mères de petits hommes, dans les fables, dans *Le Loup, la Mère et l'Enfant*, et d'une façon absolument conventionnelle : c'est même la seule fois où le loup paraît avoir raison.

Il entend un enfant crier :
La mère aussitôt le gourmande,
Le menace, s'il ne se tait,
De le donner au loup. L'animal se tient prêt,
Remerciant les dieux d'une telle aventure,
Quand la mère, apaisant sa chère géniture,
Lui dit : « Ne criez point ; s'il vient, nous le tuerons.
– Qu'est ceci ? s'écria le mangeur de moutons ;

Dire d'un, puis d'un autre ! Est-ce ainsi que l'on traite
Les gens faits comme moi ? Me prend-on pour un sot ?
Que quelque jour ce beau marmot
Vienne au bois cueillir la noisette... »
Comme il disait ces mots, on sort de la maison :
Un chien de cour l'arrête ; épieux et fourches fières
L'ajustent de toutes manières.
« Que veniez-vous chercher en ce lieu ? » lui dit-on.
Aussitôt, il conta l'affaire.
« Merci de moi ! lui dit la mère ;
Tu mangeras mon fils ! L'ai-je fait à dessein
Qu'il assouvisse un jour ta faim ? »
On assomma la pauvre bête,
Un manant lui coupa le pied droit et la tête.

Voilà le beau travail que font les mères ! Et vous remarquerez, d'autre part, que les pères, au contraire, ont une très large part dans l'œuvre de La Fontaine. Le père n'y est jamais en dispute avec les fils. Au contraire, il les gâte de préférence à lui-même. Dans *Le Meunier, son Fils et l'Âne,* le père n'a pas l'idée de monter le premier sur l'âne, mais fait monter son fils. La fable entière est pleine de cette entente presque physique entre le père et le fils au milieu des aventures, des injures et des filles. La mort du père est toujours une peine pour les fils, un spectacle de concorde et de piété filiales où Greuze a peut-être pris ses premières inspirations de famille :

Un vieillard, près d'aller où la Mort l'appelait,
(...) « Mes chers enfants, dit-il, je vais où sont nos pères.
Adieu ! Promettez-moi de vivre comme frères,
Que j'obtienne de vous cette grâce en mourant. »
Chacun de ses trois fils l'en assure en pleurant.
Il prend à tous les mains ; il meurt...

Ou bien :

Un riche laboureur, sentant sa mort prochaine,
Fit venir ses enfants, leur parla sans témoins...

Ce ne sont certes pas là les dernières recommandations de Charles de La Fontaine, qui conseillait plutôt au poète de ne pas prendre de peine, et de se brouiller avec son frère Claude. Mais on sent qu'il a aimé son père et qu'il garde le souvenir de sa mort. La seule mère dont La Fontaine parle avec quelque intérêt, c'est celle qu'il ne pouvait pas remplacer par un père : c'est la mère de l'Amour, c'est Vénus.

Vous me direz que Racine a connu sa mère moins encore, et que son théâtre est plein de l'amour maternel. Mais c'est que Racine, au lieu de l'éducation que peut donner un père affectueux et faible, avait reçu cette éducation classique où le service des grands sentiments humains est obligatoire. Pour cet orphelin nourri et instruit au milieu de prêtres et de religieuses, la maternité était celle de toutes les mères héroïques, de Cornélie, de Médée, des mères saintes, et, s'il a parlé avec cette connaissance d'Andromaque ou de Clytemnestre, c'est qu'elles étaient pour lui des souvenirs et des personnages de son enfance ; c'est qu'il était, dans une certaine mesure aussi, leur fils. Et les grandes figures classiques ou bibliques qui n'étaient pas ses mères étaient ses sœurs. La plupart des rôles de femmes, dans Racine, sont inspirés, non par un attrait physique, mais par cette confiance, cette assurance de fraternité avec les personnifications les plus hautes de la douceur et du devoir. Quand Phèdre dit : « Ariane, ma sœur », c'est aussi Racine qui le dit. Il est bien frère d'Ariane. Dans La Fontaine, au contraire, le sexe féminin est un sexe qui ne comporte pas de mère ni de sœur. Et le sentiment que les autres femmes lui inspirent n'est pas précisément la vénération, même celles qu'il croyait les plus nobles ; il vit sous l'impression désastreuse très fortement ressentie de la mésaventure de son ami Maucroix, qui n'a pas eu de chance avec les femmes. Les aventures arrivées à des amis aussi chers vous amènent souvent plus que les expériences personnelles à votre conception définitive de la vie. Maucroix, à vingt ans, s'éprend de Mlle de Joyeuse. Elle aussi l'aime, mais elle est fiancée à Lenoncourt. Maucroix s'efface. Lenoncourt meurt. Maucroix revient vers Mlle de Joyeuse, qui l'aime toujours, et qui se marie à un autre. Les deux amis n'étaient pas à l'âge et n'avaient pas la morale qui leur eussent permis d'expliquer les réactions de Mlle de Joyeuse par un conflit de psychologie et de tirer de leur malheur un roman du sacrifice. Il eût fallu, pour cela aussi, être frère de Bérénice ou de Mme de La Fayette. De ce jour, ils affectent tous deux, l'un désespéré, l'autre gaillardement décidé à venger son ami, le plus grand cynisme vis-à-vis du sexe trompeur. Le titre des livres que le petit Racine et le jeune La Fontaine ont respectivement dans leurs poches nous a déjà indiqué toute la différence : Racine a Euripide et Sophocle ; les livres que lit La Fontaine au départ pour Paris, c'est Rabelais et c'est Boccace.

Je ne suis pas complètement exact. Il est un livre qu'ils avaient en commun : c'est le livre que les maîtres de Racine lui retirèrent des mains, épouvantés, et celui que le père de La Fontaine, au contraire, força à lire son fils récalcitrant. C'est *Théagène et Chariclée.* C'est ce livre qui raconte en douze tomes et cinquante épisodes les aventures d'une belle Éthiopienne et de son fidèle amant. Il s'agit là d'une Éthiopie bien spéciale, si j'en crois les titres de chapitres. Voici le chapitre VII :

En Éthiopie, les yeux et la vue de ce que l'on aime embrasent la pensée, et les regards des amants sont des renouvellements de passion...

Voici le XI :

En Éthiopie, pauvreté et indigence servent de sauvegarde envers les voleurs, leur donnant plus de pitié que d'envie...

Voici le XV :

En Éthiopie, le Nil est le seul entre les fleuves qui n'a point de vapeurs, et sur ses bords les brigands sont sensibles à la beauté et à la noblesse...

Et il faut bien croire aussi La Fontaine quand il nous dit qu'il lisait les romans d'aventures et ne quittait point *L'Astrée.* Et nous ne saurions nier que *L'Astrée* est le roman de la dévotion exaltée de l'amant à sa maîtresse, puisque son héros, Céladon, accusé injustement par Astrée, y soupire du cœur le plus pur pendant cinq ans et onze volumes de quatre cents pages. Et il est vrai que La Fontaine lit l'*Amadis,* histoire de chevalerie où il n'est question que d'amours tellement exaltées et candides que les héros n'arrivent pas à se marier ensemble et que ce bonheur est réservé à leurs petits-enfants... Ils assistent tout heureux au mariage... Et il lit *Merlin l'Enchanteur,* et il n'est pas exclu qu'il ait lu *Don Quichotte,* dont les colporteurs commençaient à vendre des éditions populaires. Mais, quel que soit l'attrait de l'Astrée, de Dulcinée ou d'Oriane, il faut bien reconnaître que ces belles personnes, si elles peuvent orner l'esprit d'un jeune Champenois, ne peuvent guère lui donner une âme. Elles ne sont aucunement qualifiées pour être la mère adoptive ou la sœur adoptive qui l'aurait relié à l'humanité féminine. Le fait qu'elles se posent aux cimes des arbres, qu'elles habitent des grottes de cristal où les servent des nègres, qu'une escorte de serpentins les suit dans leur déplacement, amène au contraire La Fontaine à diviser les femmes en deux variétés bien distinctes, suivant une méthode qu'il n'a pas été le premier ni le dernier écrivain à suivre : d'une part, les femmes qui vivent, et qu'il convient de traiter sans estime particulière ; d'autre part, des femmes extraordinaires, qui ne vivent pas, et pour lesquelles sont réservées toutes les délicatesses. Si bien que, dans un processus que nos plus pédants auteurs de manuels littéraires connaissent bien, il est amené à réserver tous ses défauts moraux et ses penchants douteux pour les femmes qui l'entourent et, pour celles qui n'existent pas, tous ses dévouements et toutes ses candeurs. C'est ainsi que pas mal de poètes ont passé leur vie, et sans qu'il y ait eu de leur part hypocrisie ou affectation, entre la galanterie facile et l'imagination la plus haute. C'est là toute la différence entre l'éducation classique de Racine, qui a peuplé pour lui la vie quotidienne de héros et d'héroïnes, qui a versé la pureté et le dévouement aussi bien sur la servante que sur la maîtresse, et l'éducation littéraire de La Fontaine, qui l'oblige, pour trouver ces héroïnes, à délaisser des Champenois et des Champenoises particulièrement réels, pour une stratosphère où vivent sinon des fantômes, du moins ces fantômes colorés qu'on appelle les allégories.

Quel est donc l'avenir amoureux de La Fontaine, étant donné ce point de départ ? Il n'est guère prometteur. D'abord, la première conséquence inéluctable en est qu'il sera inconstant. Il l'est du fait de ses habitudes de fils de famille à Château-Thierry. Il l'est en raison du peu de cas qu'il fait des femmes. Il l'est aussi, si je puis ainsi parler, par une convention littéraire. Quand il arriva à Paris, la mode précieuse y avait stylisé deux types d'amoureux qui étaient le constant et l'inconstant. Chaque homme, chaque poète, devaient appartenir à l'une ou à l'autre de ces variétés amoureuses. C'était un jeu de société, presque factice. L'indifférent, le volage, l'inconstant, bien avant l'embarquement pour Cythère, apparaissaient déjà au bord du Lignon, fleuve du pays du Tendre, et vous pensez bien que le naïf La Fontaine a vite fait son choix, à se décréter inconstant, à se croire inconstant, à adopter ce rôle d'inconstant, pour lequel il a, d'ailleurs, des prédispositions indéniables et non seulement à l'être, mais à le proclamer. Les stances de l'Hylas de son livre préféré ont sûrement été son plus cher modèle. Mlle Berthe Bovy va vous les dire :

STANCES D'HYLAS

DE SON HUMEUR INCONSTANTE

Je le confesse bien, Philis est assez belle
Pour brusler qui le veut ;
Mais que, pour tout cela, je ne sois que pour elle,
Certes il ne se peut.

Lors qu'elle me surprit, mon humeur en fut cause,
Et non par sa beauté ;
Ores qu'elle me perd, ce n'est pour autre chose
Que pour ma volonté.

J'honore sa vertu, j'estime son mérite
Et tout ce qu'elle fait ;
Mais veut-elle savoir d'où vient que je la quitte ?
C'est parce qu'il me plaît.

Chacun doit préférer, au moins s'il est bien sage,
Son propre bien à tous ;
Je vous ayme, il est vray, je m'ayme davantage :
Si faites-vous bien, vous.

Bergers, si dans vos cœurs ne regnoit la feintise,
Vous en diriez autant ;
Mais j'ayme beaucoup mieux conserver ma franchise
Et me dire inconstant.

Qu'elle n'accuse donc sa beauté d'impuissance,
Ny moi d'estre léger :
Je change, il est certain ; mais c'est grande prudence
De sçavoir bien changer.

Pour estre sage aussi, qu'elle en fasse de mesme :
Esgale en soit la loi.
Que s'il faut, par destin, que la pouvrette m'ayme,
Qu'elle m'ayme sans moy !

URFÉ, *Astrée.*

Je vous fais grâce des vers où lui-même s'est dit volage ; il les a prodigués dans son œuvre avec une constance inépuisable jusqu'à la fin de ses jours. Ce qui ne nous laisse aucun doute sur la part artificielle et littéraire de cette inconstance, sur la niaiserie de cette attitude, c'est que chacune de ses déclarations à une femme débute par cette déclaration à l'inconstance :

Me voici rembarqué sur la mer amoureuse,
Moi pour qui tant de fois elle fut malheureuse,
Qui ne suis pas encor du naufrage essuyé,
Quitte à peine d'un vœu nouvellement payé.
Que faire ? Mon destin est tel qu'il faut que j'aime.
On m'a pourvu d'un cœur peu content de lui-même,
Inquiet, et fécond en nouvelles amours :
Il aime à s'engager, mais non pas pour toujours.

Bref, tout s'unit, la convention et la nature, pour éloigner La Fontaine de la passion. Et, en effet, il n'en a jamais eu. La passion, qui a sauvé du libertinage la plupart de nos poètes, ne l'a jamais approché. Au-dessus de l'existence des poètes les plus oubliés, flotte toujours un nom de femme, qui est même, généralement, la seule bouée pour reconnaître l'endroit où il a sombré. Chaque grand écrivain a eu au moins une fois dans sa vie une prise avec son cœur, c'est-à-dire avec le cœur féminin. Des noms de femmes et des formes de femmes s'élèvent de chaque biographie illustre, de celle de Racine : la Champmeslé ; de celle de Vigny, la Dorval. De celle de La Fontaine, du poète qui s'est cru le chantre de l'amour, ne sort que le nom et l'ombre d'une vieille dame dévote qui ne l'a jamais aimé et pour lequel il n'a jamais éprouvé d'autre sentiment que la vénération.

Il n'a même jamais été aux prises avec ces succédanés de la passion qui sont l'intrigue, la jalousie, ou la folie de la correspondance. Parmi ses lettres, pas une lettre d'amour. Il a connu, et dans tous les sens du mot, des femmes qui ont été le roman d'autres hommes aussi grands que lui. Il a pu être l'amant de la Champmeslé, puisqu'il a collaboré avec le mari qui mettait sa femme pour prix aux collaborations dramatiques. Il a connu la Béjart. Mais ces deux noms, qui, en rencontrant les noms de Racine et de Molière, provoquent encore une réaction puissante, se colorent de feu et de sang, restent veules et ternes quand on les essaye sur celui de La Fontaine, et ces personnifications ou ces mauvais archanges de la passion redeviennent à son contact de futiles figures de comédiennes faciles ou maussades.

Telle est la seconde tentation. La carrière du jeune La Fontaine semble écrite, et très mal écrite, par un destin amoureux de troisième ordre, celui de D'Assoucy, celui de Chaulieu. Sans éducation morale, sans constance, sans passion, tout pousse cet homme séduisant et facilement séduit vers ce qu'il croit la liberté, et qui est seulement une impasse, qui est le libertinage. Son talent l'y pousse aussi, talent de vers élégants et faciles, et ses maîtres qui sont Rabelais et Boccace, et ses amis qui sont les épicuriens. Ce n'est pas vers les fables que va La Fontaine, il va tout droit vers les contes. Nous allons avoir un poète anacréontique de plus. Depuis Anacréon, le besoin ne s'en faisait plus sentir.

Il était un homme simple et bien intentionné, qui avait prévu ce danger ou, du moins, aurait voulu diriger son fils vers une voie plus sage. C'était le père de La Fontaine. Inquiet de ses fugues vers Reims ou vers Paris, il l'avait marié alors qu'il avait à peine vingt-six ans. Mais l'attitude de La Fontaine envers sa femme légitime n'est certes pas pour nous donner confiance.

L'histoire légendaire du mariage de La Fontaine se résume en deux anecdotes.

La première nous montre quelle pouvait être la jalousie de La Fontaine. Mme de La Fontaine, un peu étonnée par ce mari, avait essayé de le rendre jaloux. Un vieux capitaine de dragons retraité, nommé Poignan, avait pris en affection la maison de La Fontaine. Il n'était, d'ailleurs, rien moins que galant. Il consommait chez ses amis le loisir et l'ennui qu'il ne savait où porter. Mme de La Fontaine s'arrangea pour qu'on fît de mauvais rapports de cette amitié à son mari. De bons amis s'en chargèrent. Il ne comprit pas, tout d'abord, ce qu'on exigeait de lui. On dut lui crier aux oreilles que l'honneur exigeait qu'il se battît avec Poignan. Il va réveiller Poignan, l'emmène hors de la ville, lui déclare qu'il veut se battre. Poignan lui en demande en vain les raisons.

– On me l'a conseillé, lui répond La Fontaine.

– Je suis homme de guerre. Tu n'as jamais tiré l'épée.

– Il le faut.

Le capitaine, finalement, se résigne à prendre une des épées, se bat, n'a aucune peine à faire sauter l'arme de la main de son adversaire, et il va partir furieux, protestant qu'il ne mettrait plus les pieds dans la maison de La Fontaine, lorsque celui-ci lui barre le chemin, l'épée dressée, et lui affirme qu'il va falloir se battre de nouveau s'il ne donne pas la promesse de revenir tous les jours le voir ainsi que sa femme, et ce jour-ci, sur l'heure.

– J'ai fait ce que le public voulait, dit-il. Maintenant, il faut que tu fasses ce que je veux. Prends garde ! Je tiens déjà beaucoup mieux mon arme.

La seconde anecdote, racontée par Louis Racine, n'est pas moins significative :

Lorsque Mme de La Fontaine, ennuyée de vivre avec son mari, se fut retirée en Champagne, Boileau et mon père dirent à La Fontaine que cette séparation ne lui faisait pas honneur et l'engagèrent à faire un voyage à Château-Thierry, pour s'aller réconcilier avec sa femme. Il part dans une voiture publique, arrive chez lui et la demande. Le domestique, qui ne le connaissait pas, répond que Madame est au salut. La Fontaine va ensuite chez un ami, qui lui donne à souper et à coucher. La voiture publique retourne à Paris, il s'y met, et quand ses amis le revoient et lui demandent s'il est réconcilié avec elle :

– J'ai été pour la voir, dit-il, mais je ne l'ai pas trouvée. Elle était au salut.

L'histoire réelle du mariage est plus fournie, mais pas moins inquiétante. On y voit, au début, la légère curiosité de La Fontaine pour cette femme de quatorze ans. Puis viennent l'ennui, la séparation de biens, un fils dont on se débarrasse assez vite. La vérité est que cette femme était jolie, intelligente, qu'avec un autre homme elle eût pu fonder – ce qu'elle sembla, en effet, vouloir rechercher quelque temps – une maison et un ménage. Et peut-être y fût-elle parvenue, même avec les fréquentations de La Fontaine, si la littérature n'avait tout gâté. Cet écolier naïf de La Fontaine, qui ne lisait que Boccace et les conteurs italiens, a été aussi bluffé par eux, à son entrée dans le mariage, que voilà trente ans le jeune marié qui venait de lire Nietzsche ou Schopenhauer, ou de nos jours le disciple de Freud. Il a cru sur parole Boccace ou les fabliaux. Il s'est rendu puérilement à l'idée du mariage conventionnel de ces auteurs préférés, du mari coureur et trompé, de la femme hypocrite et perverse, faussement douce et faussement acariâtre, suivant ses désirs et ses intrigues. Il adopte lourdement leurs plaisanteries sur la dissimulation des épouses, sur leur entêtement. Ses descriptions du mariage, dans lesquelles on a voulu voir des souvenirs personnels, ne sont que des répétitions de perroquet :

Deux ans de Paradis s'étant passés ainsi,
L'Enfer des Enfers vint.

Ou bien :

Hyménée est un dieu jeune, charmant et blond,
Mais les jours avec lui ne se ressemblent guères.
Le premier est amour, amitié le second.
Le troisième froideur. Songez-y bien, bergères.

Un certain nombre d'autres clichés absolument erronés, comme le bavardage des femmes et l'appétit de vie qu'ont les veuves, se glisseront jusqu'à la fin dans ses ouvrages et dans les fables mêmes. De là *La Jeune Veuve,* la charmante fable que va vous réciter Mlle Berthe Bovy.

Mlle Berthe Bovy lit :

LA JEUNE VEUVE

La perte d'un époux ne va point sans soupirs :

On fait beaucoup de bruit et puis on se console.
Sur les ailes du Temps la tristesse s'envole :
Le Temps ramène les plaisirs.
Entre la veuve d'une année
Et la veuve d'une journée
La différence est grande : on ne croirait jamais
Que ce fût la même personne ;
L'une fait fuir les gens, et l'autre a mille attraits :
Aux soupirs vrais ou faux celle-là s'abandonne ;
C'est toujours même note et pareil entretien.
On dit qu'on est inconsolable :
On le dit ; mais il n'en est rien,
Comme on verra par cette fable,
Ou plutôt par la vérité.
L'époux d'une jeune beauté
Partait pour l'autre monde. À ses côtés, sa femme
Lui criait : « Attends-moi, je te suis ; et mon âme,
Aussi bien que la tienne, est prête à s'envoler. »
Le mari fit seul le voyage.
La belle avait un père, homme prudent et sage ;
Il laissa le torrent couler.
À la fin, pour la consoler :
« Ma fille, lui dit-il, c'est trop verser de larmes :
Qu'a besoin le défunt que vous noyiez vos charmes ?
Puisqu'il est des vivants, ne songez plus aux morts.
Je ne dis pas que tout à l'heure
Une condition meilleure
Change en des noces ces transports ;
Mais après certain temps souffrez qu'on vous propose
Un époux, beau, bien fait, jeune, et tout autre chose
Que le défunt. » – « Ah ! dit-elle aussitôt,
Un cloître est l'époux qu'il me faut. »
Le père lui laissa digérer sa disgrâce.
Un mois de la sorte se passe ;
L'autre mois, on l'emploie à changer tous les jours
Quelque chose à l'habit, au linge, à la coiffure :
Le deuil enfin sert de parure,
En attendant d'autres atours.
Toute la bande des Amours
Revient au colombier ; les jeux, les ris, la danse
Ont aussi leur tour à la fin :
On se plonge soir et matin
Dans la fontaine de Jouvence.
Le père ne craint plus ce défunt tant chéri ;
Mais comme il ne parlait de rien à notre belle :

« Où donc est le jeune mari
Que vous m'avez promis ? » dit-elle.

De là la matrone d'Éphèse, cette autre charmante veuve qui avait juré de se laisser mourir dans le tombeau de son mari, mais qui reçut, attiré par ses gémissements, la visite d'un beau soldat, affecté à la garde d'un pendu au gibet voisin, pendu précieux qu'il ne devait pas laisser voler sous peine de mort. Vous devinez ce qui s'ensuit : on vole, une nuit, le pendu, et la jeune veuve propose, pour sauver le soldat, de pendre son mari à la place :

Ô volages femelles !
La femme est toujours femme. Il en est qui sont belles ;
Il en est qui ne le sont pas :
S'il en était d'assez fidèles,
Elles auraient assez d'appas...
Cette veuve n'eut tort qu'au bruit qu'on lui vit faire,
Qu'au dessein de mourir, mal conçu, mal formé :
Car de mettre au patibulaire
Le corps d'un mari tant aimé,
Ce n'était pas peut-être une si grande affaire ;
Cela lui sauvait l'autre : et, tout considéré,
Mieux vaut goujat debout qu'empereur enterré.

Une vieille tradition veut que La Fontaine ait dépeint son mariage et sa femme dans son conte de *Belphégor,* où elle figure sous le nom d'Honesta.

Certaine fille à Florence était lors
Belle et bien faite, et peu d'autres trésors ;
Noble d'ailleurs, mais d'un orgueil extrême,
Et d'autant plus que de quelque vertu
Un tel orgueil paraissait revêtu.
....
Conclusion : qu'après force prières
Et des façons de toutes les manières
Il eut un oui de Madame Honesta.
Auparavant le notaire y passa ;
Dont Belphégor se moquant en son âme :
Hé quoi, dit-il, on acquiert une femme
Comme un château ! Ces gens ont tout gâté !
....
Solennités et lois n'empêchent pas
Qu'avec l'hymen Amour n'ait des débats.
C'est le cœur seul qui peut rendre tranquille.

Le cœur fait tout, le reste est inutile.
Qu'ainsi ne soit, voyons d'autres états.
Chez les amis, tout s'excuse, tout passe.
Chez les amants, tout plaît, tout est parfait.
Chez les époux, tout ennuie et tout lasse.
Le devoir nuit : chacun est ainsi fait.
Mais, dira-t-on, n'est-il en nulles guises
D'heureux ménages ? Après mûr examen,
J'appelle un bon, voire un parfait hymen,
Quand les conjoints se souffrent leurs sottises...

Il me semble vous avoir prouvé que la tradition peut être fausse. Si La Fontaine tourne en dérision le mariage et les épouses, ce n'est pas du fait qu'il ne s'est pas entendu avec sa femme. Il ne pouvait s'entendre avec sa femme – même s'il n'avait pas été La Fontaine – parce qu'il n'a vu le mariage que sous l'aspect que lui donnaient ses lectures et les plaisanteries de ses amis ; une jeune épouse est une future jeune veuve, une future trompeuse et une future vieille femme. Que pouvait faire Mme de La Fontaine contre un mari à idées ainsi préconçues ? Entre tous les maux, elle choisit le moindre : elle fonda un salon littéraire.

Tel est l'élan qui pousse La Fontaine à la conquête du monde. Ce n'est ni la passion d'une grande carrière ou d'un grand amour. C'est le désir d'une vie de médiocres aventures, et l'ambition d'être le poète de la légèreté et de la licence. Il y arrive sans beaucoup de peine.

En ce qui concerne sa vie amoureuse, je vous ai dit combien elle était décevante. Rien n'en demeure. La Fontaine était trop âgé pour être un page ou un chérubin. Il devient donc le type le plus courant de l'épicurien. Les clartés que nous avons sur cette part de sa vie nous la révèlent dans toute sa médiocrité. Il est surtout une proie bien facile, et son admiration pour Claudine Colletet en est la preuve.

Cette Claudine était la fille d'un tailleur de pierres que le poète Colletet avait eue comme servante. Elle s'était fait épouser par le vieux poète et, sachant à peine écrire, elle avait exigé que son mari lui fît une réputation de poétesse et qu'il écrivît des vers qu'elle donnait comme les siens. Elle avait même eu la précaution de demander à son mari, pour le cas où il mourrait, un poème où elle annoncerait au monde que, désormais, le chagrin l'empêcherait de composer des vers, et le pauvre Colletet avait dû écrire par avance le dernier poème de sa veuve où, éplorée, elle annonçait au monde que son chagrin et la perte d'un homme aussi bon et illustre l'avaient rendue muette à tout jamais.

J'ensevelis mon cœur et ma plume avec vous.

La Fontaine ne soupçonnait rien. Il fut ébloui ; il arriva sans doute chez elle un de ces jours où, comme nous le raconte Tallemant, elle feignait de s'indigner sur les méfaits de son trop nombreux personnel. – Ah ! disait-elle, ma femme de charge me ferre la mule (c'était sa mère), ma cuisinière fait un feu enragé (c'était sa cousine), ma femme de chambre a égaré mes mouchoirs (c'était sa sœur), ma demoiselle de compagnie m'a roussi mon point de Venise (c'était sa grand-mère). Il prodiguait aveux et madrigaux à cette muse qui devait mourir dans l'ivrognerie. Il se borna, quand la supercherie fut dévoilée, à écrire aussitôt contre elle des stances :

Les oracles ont cessé.
Colletet est trépassé.

Dès qu'il eut la bouche close,
Sa femme ne dit plus rien ;
Elle enterra vers et prose
Avec le pauvre chrétien.
En cela je plains son zèle
Et ne sais au par-dessus
Si les Grâces sont chez elle,
Mais les Muses n'y sont plus.

Et comme un ami lui reprochait de s'être laissé duper :
– L'inconstance, répondit-il, remet les choses en leur ordre.

L'objet de la seconde liaison connue de La Fontaine, Mme Ulrich, n'était pas plus recommandable, et elle mourut enfermée à la Salpêtrière.

Si, quittant sa vie, nous passons à ses œuvres, nous voyons que La Fontaine n'est pas non plus sans avoir succombé à la tentation. Il écrit les *Contes.* Il les fait circuler d'abord dans les salons amis et va bientôt les publier. Il sait fort bien, en les publiant, ce qu'il fait, c'est-à-dire une œuvre licencieuse. Il sait qu'ils vont être saisis par la police. Quelle que fût, à cette époque, la facilité des lectures et des mœurs, il se trouva de nombreux critiques pour accueillir cette littérature de fermiers généraux avec réprobation. Aucun doute, La Fontaine a déjà dans Paris une renommée très précise : il est un coureur de ruelles, et il est un successeur de Boccace, plus cynique encore que son maître. Les vierges folles semblent avoir vaincu.

Comment, par un revirement inespéré, cet Anacréon par goût, ce précurseur des poètes chansonniers, ce spécialiste de la volupté douteuse et de la fausse liberté, s'est-il mué en notre plus pur et notre plus sensible poète de l'amour ? C'est la métamorphose que nous allons voir se dérouler maintenant.

La régénération de La Fontaine s'opère en deux temps :

Il découvre le monde.

Il découvre qu'il ne connaît pas et ne connaîtra jamais les femmes.

C'est à son installation définitive à Paris, quand il devient un familier de Fouquet, surintendant du roi et le personnage le plus puissant du royaume, que La Fontaine fait une découverte qui va modifier complètement ses naïves doctrines féminines : il découvre le monde. Il découvre, entre les deux existences qui se le sont partagé jusqu'ici, l'existence réaliste du petit bourgeois cousu de dettes, et l'existence imaginaire où il coudoie muses et dieux, un domaine intermédiaire qui a la réalité de la première, et l'éclat de la seconde, et qui s'appelle le monde.

Il vit au château de Vaux, au milieu des fêtes. Tous les agréments de son pays réel et de son pays inventé y sont réunis. Ce n'est pas la première fois que le monde donne aux poètes leur vrai ciel et leur vraie nature. Si les poètes aiment le monde, ce n'est pas qu'ils sont des parasites. Ils l'aiment non parce qu'eux-mêmes y deviennent beaux ou éclatants, mais parce que ces beaux emplacements sur lesquels se passe la journée du monde, qui sont les châteaux et les terrasses, ces moments habituels du monde, qui sont les fêtes, ce goût de la toilette et du luxe qui s'y étale, parce que la politesse, la courtoisie, le gazon et les fleurs, politesse de la terre, leur fournissent un recours, et même une vengeance contre leurs pires ennemis, la banalité et la laideur. La richesse est une sorte de mépris, sinon de l'opinion publique, du moins de la condition humaine. La Fontaine trouvait enfin un domaine vivant, où, cependant, tous les mots de son vocabulaire idéal pouvaient s'employer. Pour le château de Vaux, qu'il décrit d'ailleurs en imaginant qu'il le voit dans un songe, tant il a de peine à démêler le vrai château de ses rêves de château, il peut employer sans exagération tous ces termes qui n'étaient jusque-là que du verbiage, les mots de palais, de lambris, de temple, de fronton et de colonnades. Pour le jardin et les fontaines, les mots de conque, de corail, de triton et de cristal. Ce paysage idéal inapprochable, qu'il entrevoyait à travers ses lectures grecques ou italiennes, il en devient l'habitant. Et, c'est là la merveille, ce monde de musique, de jardins, de théâtre, est peuplé. Non pas de figures vides, de muses ou d'allégories, qui ne peuvent parler que par notre langage – celles-là y sont d'ailleurs, – mais de charmantes personnes vivantes d'esprit et de chair. Bref, entre cette catégorie d'êtres bavards, entêtés, trompeurs, qui lui inspirent les *Contes* et aussi le dérèglement, et ces femmes parfaites inexistantes qui occupent sa distraction et lui inspirent *Adonis,* La Fontaine découvre avec ravissement qu'il est une variété intermédiaire, qui a pris à la première sa vie et à la seconde sa domination au-dessus de la vie et qui est la femme du monde. Les femmes du monde sont là, les plus belles, les plus spirituelles : Mme d'Uxelles, la marquise de Béthune-Charost, Mme de Sévigné, Mlle de Scudéry. Il y a là tous les âges féminins ; ces femmes ont même des filles, des petites-filles. Et ce qu'il y a de plus agréable encore, c'est que ces femmes se plaisent avec La Fontaine.

Si nous n'avons aucune indication précise sur les façons dont se comportait La Fontaine dans ce monde, nous savons en effet, du moins indéniablement, qu'il y était aimé et estimé. Ses ennemis affectent de croire qu'il était considéré chez Fouquet ou, plus tard, chez la duchesse de Bouillon comme un parasite. « Ce gras pique-assiette », dit l'un d'eux. Il n'a jamais été pique-assiette, je ne suis même pas très sûr qu'il ait été gras. Dans son article sur La Fontaine, mon confrère Léon-Paul Fargue l'affirme. Il tire même de sa lourdeur des conclusions défavorables aux poètes minces. Écoutez sa démonstration, qui est d'ailleurs très suspecte, car Léon-Paul Fargue n'est pas du tout, pas du tout maigre. Ou, s'il est maigre, cela se voit beaucoup, beaucoup.

On s'est beaucoup trompé sur la démarche de La Fontaine, dit-il, *et sur ce qu'elle semblait indiquer. Ce sont, en général, les hommes grands et minces qui méprisent, parce qu'ils voudraient faire passer leur maigreur pour de l'élégance, le type du genre bonhomme. Le préjugé qui consiste à prendre le massif pour un naïf est indélogeable. C'est le gros homme qui est subtil, léger, inventif et marche à pas de braconnier. C'est le grand mince, le long calicot qui se croit seigneur, le Jéhovah des Galeries Lafayette, qui arpente lourdement le sol d'un pas de chasseur jalonneur et vantard... La Fontaine, la joue affligée par la santé, par les souvenirs de l'homme bien portant, devait traverser les salons avec des souplesses de bouilleur de cru, une aisance muette, adroite, moelleuse, de poseur de collets, de maraudeur. Il devait plaire aux femmes par des chuchotements de sentiers humides, et peut-être des imitations des cris d'animaux qui ne devaient pas manquer d'assurer sa réputation de grand absent loufoque et qui parlait de nids, de rosée et de luzerne aussi bien que des deutérocanoniques de la Bible.*

Pour ma part, je ne crois pas que La Fontaine ait passé ses après-midi à imiter le coq ou la chèvre pour dérider Mme de Sévigné. Il ne leur a certainement pas donné son langage pour prendre le leur. Je ne le vois pas non plus ambigu, douteux, essayant de profiter de son intimité pour amorcer des liaisons équivoques. S'il est, dans le monde, spirituel, malicieux ou distrait, comme dans le cercle inférieur de sa vie, il y est toujours digne et sûr de lui comme il l'est dans le cercle supérieur. Jamais La Fontaine, qui se rabaissait près des femmes basses, ne s'est rendu déplaisant par une insistance, par un geste auprès des autres. Non pas, pour parler comme alors, que l'amour ne régnât pas dans ces domaines, et que quelques-unes d'entre ces femmes ne se montrassent pas médiocrement cruelles à leurs admirateurs. Mais il semble avoit été convenu du premier coup, par une convention tacite qui ne se rompit jamais, que La Fontaine était au-dessus de l'amour. Il arrivait à ces dames une aventure analogue – quoique inverse – à celle qui arrivait de leur fait à La Fontaine : elles rencontraient un homme charmant qui était le poète de l'amour, qui leur donnait sur leurs sentiments et leurs intrigues des indications de poète spécialiste, mais qui ne les en importunait jamais. D'ailleurs, La Fontaine lui-même ne l'eût pas désiré, n'y a jamais pensé. Le décor dans lequel il vivait, cette réalisation en tapisserie et en marbre de ses songes, toutes ces peintures qu'il décrit dans *Le Songe de Vaux* et qui ne sont que des Cupidons, des Vénus, ou des exploits amoureux, ces murs et ces bosquets, comblés par une mythologie galante, lui épargnent à lui-même les idées de galanterie. C'est la volupté qui a fait la moitié du chemin en venant vers La Fontaine ; mais ce bien-être lui inspire une indolence qui l'empêche de faire l'autre moitié. Il faut si peu d'effort à un homme qui est délicat, assez beau, qui est l'intelligence et la poésie, pour passer près des femmes les plus aimables sans être aimé. La Fontaine y parvient parfaitement. Ce qu'il recherche dans ces femmes, c'est ce que ne lui fournissaient pas les femmes de Château-Thierry : l'occasion d'être leur poète, et la plupart le méritent. D'abord, la surintendante, Mme Fouquet elle-même, si séduisante qu'un Père jésuite a écrit en vers latins l'éloge de sa complexion :

Candida cum modico mixta rubore, nitet

et qui a – ce qui nuisait peut-être à son éclat, mais devait plaire particulièrement à La Fontaine – un nez en l'air et l'apparence de sortir du sommeil. Et voici Mme de Sévigné, une des premières amies de La Fontaine, qui, à cette époque, comme l'écrit Mlle de Scudéry, est blonde et fraîche, avec des yeux indéfinissables, et chante les chansons italiennes avec passion... Il y a la plus belle fille d'honneur de la reine ; il y a même la plus éclatante de ces jeunes et belles veuves qui intéressent tellement notre poète, Mme de Launay. Elles sont gaies, elles sont hardies, elles aiment se rapprocher de La Fontaine ; dans cette espèce de recherche de la poésie qui fait jouer à la Muse ces agréables personnes comme dans un jeu où l'on recherche un objet caché, c'est toujours de lui qu'elles se rapprochent. Elles sentent, comme dit Léon-Paul Fargue, que, près du sourire de La Fontaine, elles ne sont pas loin, qu'elles brûlent ; et cette absence d'intrigues entre elles et le poète vient autant de la vénération qu'elles ressentent pour lui que de l'admiration qu'il a pour elles. Pas une seule fois on ne peut prendre ces belles amies de La Fontaine en défaut de flirt ou de mauvaise humeur, ou d'incompréhension vis-à-vis de lui. Les femmes, qui ont le talent particulier de saisir tout de suite à l'aspect d'un homme ce qui peut en être abîmé ou souillé, ont un talent égal pour voir ce qui doit en être honoré et préservé. Tous les vers, les madrigaux, les allusions sentimentales, les métaphores dont La Fontaine les habillait, elles les recevaient sans arrière-pensée, comme on reçoit du bijoutier les bijoux, du couturier la robe, mais avec la différence que c'étaient les bijoux et les parures de leur vie sentimentale. De là leur intimité avec lui. La Fontaine n'a pas été un confident, parce qu'il y avait dans la confidence un côté d'intrigue, de plaintes et d'actualité auquel il n'eût répondu que par la distraction ou le sommeil. La confidence est souvent aussi un appel au conseil ou à la sympathie, et elles savent La Fontaine bien incapable d'y répondre. Mais elles lui ont confié cependant ce qui leur était le plus précieux. Elles lui ont confié ce qu'il y avait de plus apparent sur elles : leur beauté, leur délicatesse, leur agrément. Elles lui ont donné comme un secret dont lui seul pouvait voir le caractère confidentiel, tout ce qui n'était pas secret en elles. Mme de Bouillon, dont la vie n'a été qu'aventures, lui a confié son visage innocent de roses et de lis. Mme de La Sablière, qui s'était séparée de son mari avec les torts pour elle, lui a confié sa fidélité, sa douceur. Mme Fouquet, qui était l'honnêteté même, lui a confié ses joues, l'effronterie de ces joues qui devenaient rouges au moindre mot. Tout ce qui éclatait tellement clairement aux yeux des autres hommes qu'ils ne le voyaient plus. Leur taille, leur empressement ou leur mélancolie naturels, elles les ont retrouvés comme des qualités étrangères quand La Fontaine était leur vis-à-vis. Et La Fontaine, de son côté, n'a jamais prétendu à d'autre rôle qu'à celui que lui donnait cette confidence publique de visages et de corps doucement mus et rosés par la vie entre des statues et des portraits. Il sait que certaines sont ingénues, il sait que certaines sont faciles ; mais l'ingénuité et la facilité deviennent, dans le monde de La Fontaine, des dons allégoriques qui rejoignent les vertus. De sorte que toutes ces dames, du fait que La Fontaine vivait près d'elles, chez elles, qu'elles étaient assurées de l'existence de La Fontaine, c'est-à-dire d'une sorte de vision supérieure à la fois olympienne et édénique et de leurs actes et de leurs pensées, se laissaient aller plus voluptueusement à leurs penchants ou à leurs retenues. Il est une source dont parle La Fontaine, où les objets les moins attrayants se recouvrent peu à peu d'une nacre blanche et deviennent les stylisations de ces objets. La Fontaine – et je peux bien faire le jeu de mots après Paul Valéry – est justement cette fontaine, cette source qui, de la candeur de Mme Fouquet, de la liberté scandaleuse de la duchesse de Bouillon, vous donne une allégorie de candeur, une allégorie de Liberté, vous donne la perfection.

Que devait-il résulter de cette entente réciproque ? D'abord, ce triomphe de l'allégorie qui est l'amitié. Ensuite, et c'est là que j'en venais, le fait d'introduire, dans les vers et les formes poétiques destinés à recevoir les bourgeoises et les filles de Boccace, ce peuple de femmes délicates, princesses de leurs propres désirs, tout en conservant au poème la même palpitation de vie, puisqu'elles étaient vivantes, l'éloignait de toute servilité et de toute vulgarité, puisqu'elles étaient, au moins symboliquement, au moins par La Fontaine, inapprochables. Au contraire des femmes, chez lesquelles la parole exige la sincérité et l'actualité, les hommes n'ont jamais trouvé qu'indirectement le langage de leurs sentiments : La Fontaine, dans le seul domaine où il ne pouvait être amoureux, venait de trouver pour le dix-septième siècle le langage de l'amour.

En voulez-vous une démonstration ? Voici, par exemple, les passages d'*Adonis* où Vénus gémit sur le corps de celui qu'elle aime :

Après mille sanglots, enfin, elle s'écrie :
« Mon amour n'a donc pu te faire aimer la vie !
Tu me quittes, cruel ! Au moins, ouvre les yeux ;
Montre-toi plus sensible à mes tristes adieux ;
Vois de quelles douleurs ton amante est atteinte !
Hélas ! j'ai beau crier, il est sourd à ma plainte.

Une éternelle nuit l'oblige à me quitter ;
Mes pleurs ni mes soupirs ne peuvent l'arrêter. »

Les vers sont beaux, mais quelque peu conventionnels. Ils ont été écrits alors que La Fontaine n'avait pas débuté à Vaux. Et voici, maintenant, ce qu'il écrit quand il en est devenu le familier. Voici le portrait de la duchesse de Bouillon :

Peut-on s'ennuyer en des lieux
Honorés par les pas, éclairés par les yeux
D'une aimable et vive princesse,
À pied blanc et mignon, à brune et longue tresse ?
Nez troussé, c'est un charme encor selon mon sens.
C'en est même un des plus puissants.
Pour moi, le temps d'aimer est passé, je l'avoue ;
Et je mérite qu'on me loue
De ce libre et sincère aveu
Dont pourtant le public se souciera très peu.
Que j'aime ou n'aime pas, c'est pour lui même chose ;
Mais s'il arrive que mon cœur
Retourne à l'avenir dans sa première erreur,
Nez aquilins et longs n'en seront pas la cause.

Dans ce faux amour de La Fontaine, tout est liberté et vérité. Comme tout est vérité et grâce, dans cette réponse, imaginaire aussi, d'une dame de Vaux à la déclaration du poète, qui lui reproche de ne pas être émue par lui.

Acante, voulez-vous que je verse des larmes
Et soupire à mon tour,
Et, lasse d'être belle, abandonne mes charmes
Aux tourments de l'Amour ?

Il détruit l'embonpoint et rend la couleur blême ;
Il donne du souci.
J'aime trop mes appas, je m'aime trop moi-même,
Pour vous aimer aussi.

Mais nous voici arrivés à l'un des tournants les plus charmants dans l'esprit de La Fontaine. Soudain, du fait qu'il n'est pas lié aux femmes par une vraie passion, du fait de cette confrontation parfois intime, mais toujours pleine de réserves, La Fontaine cesse d'être ce prétendu connaisseur et, au contraire, il a le sentiment qu'il ne connaît pas et qu'il ne connaîtra jamais les femmes. Les aventures douteuses dont sa vie est émaillée ne lui enlèvent sur ce point aucune illusion, et la lecture de ses poèmes, de ses lettres, montre, désormais, qu'il ne se suffira plus de la psychologie féminine sommaire des *Contes* et des fabliaux. À partir de ce moment, naît en lui pour elles une charmante curiosité. Le grand ouvrage du milieu de sa vie a été *Psyché*. Le sujet de *Psyché* est l'inquiétude et l'impatience d'une jeune femme dont le mari veut rester invisible, et qui le perd en le contemplant la nuit à la clarté d'une lampe. C'est aussi désormais le thème de la vie de La Fontaine. Il éprouve, en face de chaque femme nouvelle, le même sentiment de contemplation et de curiosité : il écoute, il regarde ; l'apparition d'une femme, quelle qu'elle soit, le nom seul d'une femme, surgi dans une conversation, lui fait abandonner toute autre pensée. Ses lettres du Limousin nous en fournissent les preuves à chaque page : les trois femmes qui prennent le coche avec lui, par leur seule présence, changent le voyage en roman. Les bohémiennes rencontrées passé Amboise ne l'intéressent pas moins :

Qui venaient vers nous dansant, folâtrant, montrant leurs épaules, et traînant après elles des douégnas détestables à proportion, et qui nous regardaient avec autant de mépris que si elles eussent été belles et jeunes. Je frémis d'horreur à ce spectacle et j'en ai été plus de deux jours sans pouvoir manger. Deux femmes fort blanches marchaient ensuite. (...) Nous saluâmes ces deux avec beaucoup de respect, tant à cause d'elles que de leurs jupes, qui véritablement étaient plus riches que ne semblait le promettre un tel équipage. Le reste de leur habit consistait en une cape d'étoffe blanche, et sur la tête un petit chapeau à l'anglaise de taffetas de couleur, avec un galon d'argent. Elles ne nous rendirent notre salut qu'en faisant une légère inclination de la tête, marchant toujours avec une gravité de déesses et ne daignant presque jeter les yeux sur nous, comme simples mortels que nous étions.

Et l'intéresse aussi l'invisible Barigny, beauté locale de Poitiers, fille d'un petit tailleur dont une des voyageuses prononce un jour le nom et sur laquelle La Fontaine exige, dès lors, tous renseignements :

C'était une claire brune, de belle taille, la gorge admirable, de l'embonpoint ce qu'il en fallait, tous les traits du visage bien faits, les yeux beaux ; (...) jusque-là que dans un bal où était le roi, dès que la Barigny fut entrée, elle effaça ce qu'il y avait de plus brillant.

Et l'intéresse non moins, à Châtellerault, une de ses cousines Pidoux, dont le destin tragique émut La Fontaine, car elle a été défigurée par la petite vérole :

Ce qui m'en plut davantage fut le ton de voix et les yeux ; son humeur aussi me sembla douce : je l'entretins peu, et de choses indifférentes, mais bien résolu, si nous eussions fait un plus long séjour à Châtellerault, de la tourner de tant de côtés que j'aurais découvert ce qu'elle a dans l'âme, et si elle est capable d'une passion secrète. Je ne vous en saurais apprendre autre chose, sinon qu'elle aime fort les romans.

Quelles imprécations
Ne mérites-tu point, cruelle maladie,
Qui ne peut voir qu'avec envie
Le sujet de nos passions !
Sans ton venin, cause de tant de larmes,
Ma parente m'aurait fait moitié plus d'honneur :
Encore est-ce un grand bonheur
Qu'elle ait eu tel nombre de charmes.
Tu n'as pas tout détruit, sa bouche en est témoin,
Ses yeux, ses traits, et d'autres belles choses :
Tu lui laissas des lis, si tu lui pris des roses...

Et partout, que ce soit la jeune fille de Bellac, que ce soit Mlle d'Alençon, que ce soit Mlle d'Aumont ou la laitière entrevue, il décrit doucement et minutieusement leur toilette et leur visage, penché au-dessus d'elles comme si, de cet éclairage qu'allait donner la poésie à chacun de leurs traits ou de leurs vêtements, allait surgir la clef de l'énigme.

Un des épisodes les plus fréquents dans La Fontaine est celui de l'homme amoureux contemplant à distance le sommeil de celle qu'il aime. Il la contemple longtemps. La Fontaine adorait trop dormir pour jamais éveiller quelqu'un. Dans le songe de Vaux, il contemple ainsi Aminte :

Cette belle nymphe était couchée sur des plantes de violette, sa tête à demi penchée sur un de ses bras, et l'autre étendu le long de sa jupe... Un battement de cœur me présagea quelque chose d'extraordinaire. Je ne sais quelle émotion dont je ne pouvais deviner la cause me courut par toutes les veines.

Pour moi, je sais quelle était cette émotion. C'est que cette forme de femme aveugle, muette, sourde, qui n'avait plus aucun de ses sens, si ce n'est le sens obscur d'une vie souterraine, donnait à La Fontaine la réponse que les rires et les danses et les conversations ne lui donnaient pas. Être face à face avec un secret, même si l'on ne le comprend pas, c'est encore la meilleure façon des hommes de le connaître, et Aminte a bien tort de manifester une colère, même feinte, à ce La Fontaine qui ne l'a pas éveillée :

Ces lèvres où les cieux ont mis tant de merveilles
Auraient pu m'excuser
Et tout autre que moi, les voyant si vermeilles,
Eût voulu les baiser.

Pour voir de ce bel œil briller toutes les armes
On l'aurait éveillé.
Je n'ai point cru l'Amour, le Sommeil, et vos charmes,
Qui me l'ont conseillé.

Pourquoi donc voulez-vous m'ôter votre présence ?
Attendez un moment ;
Car enfin je prétends mériter récompense,
Et non pas châtiment.

Mais il est bien évident que toutes les femmes ne songeaient pas à s'endormir à volonté devant La Fontaine, et lui-même n'avait rien d'un hypnotiseur. Il s'en tire alors par son moyen habituel, par la distraction. Dès qu'il est en présence d'une femme nouvelle, c'est lui qui, pour mieux la voir, tombe dans l'hébétude, pour mieux l'approcher, s'éloigne, pour mieux lui parler, disparaît.

Nous avons vingt anecdotes à ce sujet. Aucune n'est aussi charmante que celle que la correspondance de La Fontaine elle-même nous raconte, et par laquelle nous terminerons cette causerie aujourd'hui, la rencontre de La Fontaine, âgé de soixante-sept ans, et de Mlle de Beaulieu, qui en a quinze, à un dîner chez Mme d'Hervart, à Bois-le-Vicomte.

Qu'avait à faire M. d'Hervart, écrit-il à l'abbé Verger, *de s'attirer la visite qu'il eut dimanche ? que ne m'avertissait-il ? Que ne me fit-il la description tout entière de Mlle de Beaulieu ? Je serais parti avant le dîner. Je n'y aurais pas figuré en aveugle et en sourd ; je ne me serais pas détourné comme un idiot pour me jeter dans Louvres, c'est-à-dire plus loin de Paris que n'est Bois-le-Vicomte. La pluie me fit arrêter près de deux heures à Aunay. Un laquais, le seul homme que je rencontrai, m'apprit de combien j'avais quitté la vraie route, et me remit dans la voie en dépit de Mlle de Beaulieu, qui m'occupait tellement que je ne songeais ni à l'heure ni au chemin. J'eus beau dire l'oraison de saint Julien, elle fut cause que je couchai dans un malheureux village. Elle m'a fait consumer trois ou quatre jours en distractions et en rêveries, dont on fait des contes par tout Paris.*

Et je cite la réponse en vers de l'abbé Verger, car elle nous donne un portrait de La Fontaine lui-même :

Que vous vous trouviez enchanté
D'une beauté jeune et charmante,
L'aventure est peu surprenante.
Quel âge est à couvert des traits de la beauté ?
Ulysse au beau parler, non moins vieux, non moins sage,
Que vous pouvez l'être aujourd'hui,
Ne se vit-il pas, malgré lui,
Arrêté par l'amour sur maint et maint rivage ?
Qu'en quittant cet objet dont vous êtes épris,
Sur le choix des chemins vous vous soyez mépris,
L'accident est encor moins rare.
Hé ! qui pourrait être surpris
Lorsque La Fontaine s'égare ?
Tout le cours de ses ans n'est qu'un tissu d'erreurs,
Mais d'erreurs pleines de sagesse ;
Les plaisirs l'y guident sans cesse
Par des chemins semés de fleurs.
Les soins de sa famille, ou ceux de sa fortune
Ne causent jamais son réveil :
Il laisse à son gré le Soleil
Quitter l'empire de Neptune,
Et dort tant qu'il plaît au sommeil :
Il se lève au matin, sans savoir pour quoi faire :
Il se promène, il va, sans dessein, sans sujet ;
Et se couche le soir, sans savoir d'ordinaire
Ce que dans le jour il a fait.

Nous voici à notre conclusion. De cette intimité sans équivoque, comme de cette contemplation et de cette interrogation sans désir, on devine quelles sortes de liens devaient désormais se nouer entre les femmes et le poète. Nous aurons à parler plus longuement des amis de La Fontaine et de La Fontaine ami. Mais il m'a paru curieux de vous montrer comment la ronde de jeunes sorcières qui entourait La Fontaine à son départ de Château-Thierry s'est effacée peu à peu pour laisser la place à un cercle infiniment plus habillé et plus digne, et comment chacune des tentatrices plébéiennes et anonymes – La Fontaine les appelle en général Jeanneton – a pris du sang, a pris un des plus grands noms de France, s'est appelée Anna de Mancini, Marie-Madeleine de La Fayette, Marguerite de La Sablière, a pris vis-à-vis de La Fontaine et souvent de lui seul une vertu bien rare qui était justement la vertu, a pris le langage le plus parfait de l'amour, et est devenue l'amitié.

*Ici Mlle Bovy récite l'*Élégie à l'Amour *et les* Plaintes de Psyché :

ÉLÉGIE À L'AMOUR

... J'aimoi, je fus heureux : tu me fus favorable
En un âge où j'étois de tes dons incapable.
Chloris vint une nuit : je crus qu'elle avoit peur.
Innocent ! Ah ! pourquoi hâtoit-on mon bonheur ?
Chloris se pressa trop ; au contraire Amarylle
Attendit trop long-temps à se rendre facile.
Un an s'étoit déjà sans faveurs écoulé,
Quand, l'époux de la belle aux champs étant allé,
J'aperçus dans les yeux d'Amarylle gagnée
Que l'heure du berger n'étoit pas éloignée.
Elle fit un soupir, puis dit en rougissant :
« Je ne vous aime point, vous êtes trop pressant :
Venez sur le minuit, et qu'aucun ne vous voie. »
Quel amant n'auroit cru tenir alors sa proie ?
En fut-il jamais un que l'on vit approcher
Plus près du bon moment sans y pouvoir toucher ?
Amarylle m'aimoit : elle s'étoit rendue
Après un an de soins et de peine assidue.
Les chagrins d'un jaloux irritoient nos désirs :
Nos maux nous promettoient des biens et des plaisirs.
La nuit que j'attendois tendit enfin ses voiles,
Et me déroba même aux yeux de ses étoiles.
Ni joueur, ni filou, ni chien ne me troubla.
J'approchai du logis : on vint, on me parla ;
Ma fortune, ce coup, me sembloit assurée.
Venez demain, dit-on, la clef s'est égarée.
Le lendemain, l'époux se trouva de retour.
Eh bien ! me plains-je à tort ? Me joues-tu pas, Amour ?
Te souvient-il encor de certaine bergère ?
On la nomme Phyllis : elle est un peu légère :
Son cœur est soupçonné d'avoir plus d'un vainqueur ;
Mais son visage fait qu'on pardonne à son cœur.
Nous nous trouvâmes seuls : la pudeur et la crainte
De roses et de lis à l'envi l'avoient peinte.
Je triomphai des lis et du cœur dès l'abord ;
Le reste ne tenoit qu'à quelque rose encor.

Sur le point que j'allois surmonter cette honte,
On me vint interrompre au plus beau de mon conte :
Iris entre ; et depuis je n'ai pu retrouver
L'occasion d'un bien tout près de m'arriver.
Si quelque autre faveur a payé mon martyre,
Je ne suis point ingrat, Amour, je vais la dire :
La sévère Diane, en l'espace d'un mois,
Si je sais bien compter, m'a souri quatre fois ;
Chloé pour mon trépas a fait semblant de craindre ;
Amarante m'a plaint ; Doris m'a laissé plaindre ;
Clarice a d'un regard mon tourment couronné ;
Je me suis vu languir dans les yeux de Daphné.
Ce sont là tous les biens donnés à mes souffrances ;
Les autres n'ont été que vaines espérances ;
Et, même en me trompant, cet espoir a tant fait
Que le regret que j'ai les rend maux en effet.
Quant aux tourments soufferts en servant quelque ingrate,
C'est où j'excelle : Amour, tu sais si je me flatte.
Te souvient-il d'Aminte ? il fallut soupirer,
Gémir, verser des pleurs, souffrir sans murmurer,
Devant que mon tourment occupât sa mémoire ;
Y songeoit-elle encore ? hélas ! l'osé-je croire ?
Caliste faisoit pis ; et, cherchant un détour,
Répondoit d'amitié quand je parlois d'amour.
Je lui donne le prix sur toutes mes cruelles.
Enfin, tu ne m'as fait adorer tant de belles
Que pour me tourmenter en diverses façons.
Cependant, ce n'est pas assez de ces leçons :
Tu me fais voir Clymène : elle a beaucoup de charmes ;
Mais pour une ombre vaine elle répand des larmes ;
Son cœur dans un tombeau fait vœu de s'enfermer,
Et, capable d'amour, ne me sauroit aimer.
Il ne me restoit plus que ce nouveau martyre :
Veux-tu que je l'éprouve, Amour ? tu n'as qu'à dire.
Quand tu ne voudrois pas, Clymène aura mon cœur ;
Dis-le-lui, car je crains d'irriter sa douleur,

PLAINTES DE PSYCHÉ

Que nos plaisirs passés augmentent nos supplices !
Qu'il est dur d'éprouver, après tant de délices,
Les cruautés du sort !
Fallait-il être heureuse avant qu'être coupable ?
Et si de me haïr, Amour, tu fus capable,
Pourquoi m'aimer d'abord !

Que ne punissais-tu mon crime par avance !
Il est bien temps d'ôter à mes yeux ta présence,
Quand tu luis dans mon cœur !
Encor si j'ignorais la moitié de tes charmes !
Mais je les ai tous vus ; j'ai vu toutes les armes
Qui te rendent vainqueur.

J'ai vu la beauté même et les grâces dormantes.
Un doux ressouvenir de cent choses charmantes
Me suit dans les déserts.
L'image de ces biens rend mes maux cent fois pires.
Ma mémoire me dit : « Quoi ! Psyché, tu respires,
Après ce que tu perds ? »

LA TENTATION DU MONDE

MESDAMES, MESDEMOISELLES,
MESSIEURS,

Je ne sais pas si vous avez vu des gens se vendre. Vous l'avez vu, en tout cas, au théâtre. Vous avez tous vu *Faust*. Cela s'accomplit comme un acte notarié. Faust signe, le diable emporte le papier et vient chercher son âme au terme échu. Ainsi l'on se vend aussi au pétrole, au journalisme, aux honneurs. J'ai toujours pensé, d'ailleurs, qu'il était bien dommage que Faust sût écrire : songez qu'illettré il eût signé avec une croix, le diable n'eût pu utiliser le reçu et son âme eût été sauvée.

Je ne sais, maintenant, si vous avez vu des courses de taureaux portugaises. Dans les courses de taureaux portugaises, quand la porte du toril s'ouvre, vous voyez se précipiter dans l'arène un magnifique taureau. L'élevage portugais, avec les Miura, fournit toute la péninsule ibérique en beauté et en courage. La course n'est pas abâtardie. Les chevaux ne sont pas des rosses aveuglées par un bandeau dont le rôle est de fatiguer par leur poids le front du taureau. Les banderilleros sont à cheval, attaquent, fuient, et le taureau répond à chaque agression par une charge. La bataille est continuelle et réelle, le taureau est seulement *embollado,* c'est-à-dire que les cornes portent à leur extrémité une boule de liège qui rend leurs coups moins dangereux. Mais il n'y a pas de mise à mort. Au moment où le taureau est au paroxysme de sa liberté et de sa colère, au moment où l'antagonisme entre le taureau et les hommes, aidés de leurs alliés les chevaux, est à son comble, par la porte pénètre dans l'arène le troupeau d'une vingtaine de bœufs placides et doux qui encadrent le fauve et le font disparaître, désormais inoffensif et muet, dans leur foule tranquille.

J'assistais au spectacle avec un jeune poète espagnol, connu par ses pamphlets et sa haine de toute contrainte. Toute la première partie de la course l'avait comblé de joie ; il avait naturellement pris le parti du taureau contre les hommes...

– C'est le poète, disait-il. C'est le poète contre la foule !

Et il éclatait en applaudissements, chaque fois que le poète rattrapait et roulait un cavalier dans la poussière, ou, bondissant par-dessus la barrière dans le couloir, y chargeait d'innocents et médiocres comparses surpris à se gratter le nez et, pris de panique, détourné seulement d'eux, comme il convient aux poètes, par des couleurs éclatantes. Mais la conclusion pacifique du débat le remplit d'indignation, comme tout bon Espagnol.

– Plutôt la mort ! Plutôt la mort ! criait-il. Tuez-le !

Et comme je lui demandais pourquoi, il me montra le troupeau de bœufs qui disparaissait déjà et d'où émergeaient tout juste les cornes de son poète bien calmé :

– L'Académie ! me dit-il.

Par ces deux apologues – puisque nous sommes dans le pays de l'apologue, – je vous donne une idée précise, bien que très fragmentaire, des périls qui menacent La Fontaine à son arrivée à Paris, de la tentation du monde et des honneurs. Il veut de l'argent, comme Faust, et est tout prêt à se vendre. Et il veut du succès. Il est tout luisant d'un courage inconscient, comme notre taureau miura – l'élevage de l'Ile-de-France livre des âmes bien nourries et vives, – mais la compagnie de beaux bœufs, bien ruminants, n'est pas sans le tenter. L'affaire, d'ailleurs, ne traîne pas. Au printemps de 1658, notre poète se vend au surintendant Fouquet. Je dis *vend* parce qu'il s'agit d'une vraie vente. Un contrat est rédigé en bonne et due forme par Pellisson, l'homme d'affaires de Fouquet, que La Fontaine appelle le notaire du Parnasse. Fouquet paiera à chaque trimestre une pension au poète. La Fontaine, à chaque trimestre, donnera un poème spécial : un madrigal à la Saint-Jean, une épître au 1er janvier, et un poème pieux à Pâques. Pellisson lui fera un reçu en vers. Ce n'est évidemment plus ainsi que procèdent ceux qui émargent maintenant à la propagande et aux fonds secrets. C'est la forme la plus stylisée et la plus anodine de l'achat de la conscience du poète, mais c'est un achat. À cette époque, La Fontaine ne connaît de Fouquet que le renom de sa puissance et de sa richesse, ce n'est pas la sympathie qui le mène vers lui. Il se met à ses gages pour lui faire cette publicité rimée, qui était le journalisme d'alors. Il est promu adulateur à gages, et il s'acquitte de son emploi sans s'inquiéter le moins du monde que ce soit un rôle d'adulateur. Sans y réfléchir, et seulement parce qu'une vie de commodités en résultait pour lui, il entre dans un parti politique, dans un clan social, dans une maison. Il est chargé immédiatement d'une tâche.

Fouquet a deux demeures : l'une à Saint-Mandé, où il amasse les statues et où il fait construire des orangeries ; l'autre à Vaux, près de Melun, dont l'architecture et la peinture naissantes du grand siècle vont faire le premier vrai palais de style Louis XIV. Mais ces domaines ont un brillant un peu trop récent. Les arbres y sont jeunes et encore malingres. Vous vous rappelez cet architecte de Versailles qui, voilà quelques années, a prétendu remettre une partie du parc en son état primitif, après en avoir coupé tous les grands arbres. Et il montrait les premières gravures pour se disculper. Les gravures nous présentaient, en effet, ce qu'elles pouvaient, et Versailles, à ses débuts, n'était qu'une pépinière. Ainsi sont tous les grands parcs : de petits parcs à leur origine. Ainsi le parc de Vaux. Les statues y sont aussi un peu trop neuves. L'enfance de la statue, c'est l'éclat. Les tapisseries et les tableaux sont trop éclatants. La Fontaine sera l'un des familiers appointés pour leur donner une patine. Il faut qu'il chante même ce qui n'est pas encore bâti. On lui apporte les plans, les épures, les cartons des tapisseries. On lui montre les graines des petits arbustes dont il doit vanter l'ombrage. Il a à défendre les couleurs éclatantes de soies qui ne sont encore que des dessins au lavis. Il doit chanter non seulement des dieux et des déesses, mais même des animaux vivants épars dans le parc : des oiseaux rares dont Fouquet était fier, des moutons qui paissent la pelouse, des esturgeons et des saumons capturés à prix d'or et lâchés dans les bassins.

J'ai eu jadis comme camarade, au régiment, un brave caporal, d'humeur douce et égale, qui était, lui aussi, de Château-Thierry, et que ce lien avec La Fontaine me rendait sympathique, d'autant plus que, dès qu'un animal traversait notre route, il le suivait des yeux avec une curiosité que je ne m'expliquais pas. Ce n'était pourtant pas un fabuliste. Il me révéla, un jour, sa profession : il était chargé chaque matin, dans un grand magasin d'alimentation, de la toilette des animaux pendus à l'étalage. Il avait une brosse douce et une dure, un peigne fin et un large pour les biches, les sarcelles ou les lapins de chez Potin, et leur donnait ce lustre qui, à l'aurore du marché, séduit sans appel les ménagères. Ainsi, La Fontaine donnait à la faune et à la flore de Vaux le lustre poétique sous lequel s'atténuait et prenait couleur ancienne le vernis de parvenu dont l'odeur offusquait déjà l'entourage du roi.

Dans sa préface au *Songe de Vaux*, il explique lui-même son opération :

Commes les jardins de Vaux étaient tout nouveau plantés, je ne les pouvais décrire en cet état, à moins que j'en donnasse une idée peu agréable et qui, au bout de vingt ans, aurait été sans doute peu ressemblante. Il fallait donc prévenir le temps : cela ne se pouvait faire que par trois moyens : l'enchantement, la prophétie et le songe.

Disons tout de suite que les trois épisodes qui concernent les animaux en sont achevés : l'aventure d'un écureuil, celle d'un cygne près de mourir, et celle des poissons rares qui avaient été présentés vifs à M. Fouquet...

Enchantement, prophétie et songe : telles sont les trois brosses et les trois peignes avec lesquels La Fontaine fait son étalage. Mais c'est un étalage.

J'embellis les fruits et les fleurs ;
Je sais parer Pomone et Flore ;
C'est pour moi que coulent les pleurs
Qu'en se levant verse l'Aurore.
Les vergers, les parcs, les jardins,
De mon savoir et de mes mains
Tiennent leurs grâces nonpareilles...

Ne dirait-on pas une de ces réclames en vers qui étaient à la mode voilà quelques années ? Et à cela se borne l'ambition de La Fontaine. Il n'est pas question pour lui, si son état de poète lui crée à Vaux une situation particulière vis-à-vis des femmes, de revendiquer la même vis-à-vis des hommes. Aucune trace d'amitié ou même de sympathie entre lui et les hauts personnages qui s'empressent chez Fouquet : Lauzun, Brancas ou La Feuillade. Il ne se souvient de leur existence que comme de l'existence de protecteurs, et non d'égaux, pour leur demander des recommandations plutôt humiliantes, puisqu'il s'agit d'un procès à lui intenté par le fisc, pour s'être attribué, sans y avoir droit, le titre d'écuyer dans un acte public. Telle est la situation de notre poète vis-à-vis du monde, et il faut bien le dire, telle est et sera tout le siècle la situation de la poésie vis-à-vis des maîtres de ce monde. Le poète, désormais, vis-à-vis de la richesse et de la puissance, ne va plus être, dans ce siècle dont il a pourtant fait la gloire, qu'un courtisan intéressé, apeuré ou ébloui. S'il va se plonger dans le cœur humain, c'est simplement parce qu'il a abandonné et trahi l'humanité. C'en est fait. Cette collaboration de chair, qui a uni jusqu'ici la poésie au peuple français lui-même, va être rompue. Jusqu'à Louis XIV, malgré ce pédant de Malherbe, à travers même le fatras de la Renaissance, le poète était le vengeur, suscité par la race ou par la nation. C'était la beauté publique ou la misère publique qu'il exaltait ou dénonçait. Qu'il déclamât sur une place ses chansons de gestes, qu'il jouât ses mystères sur un parvis, qu'il entrât, comme d'Aubigné, en rébellion ouverte avec un régime et une religion officielle, il était à la fois une réponse et un appel : une réponse à l'angoisse ou à l'enthousiasme d'un peuple entier, un appel à la justice, un appel justement contre ceux dont tous les poètes vont être, désormais, les adulateurs obséquieux. Car, qu'il s'agisse des plus grands, tous vont être maintenant les brosseurs et les calamistreurs d'un étalage ducal ou royal. La tragédie, l'opéra, la comédie lyrique vont n'avoir qu'un but : créer un assortiment et une garde-robe raffinée de sentiments et d'attitudes royales. Au moment où ce large fleuve qu'était la poésie française va se perdre dans l'artifice, que ce soit ce ruisseau tiède qu'est le Lignon, ou, si je songe à Racine, que ce soit le fleuve infernal, on éprouve une peine profonde, et, dans le cas qui nous occupe, une vive irritation contre ce serin de La Fontaine, qui se libère de la campagne, et de l'espace, de l'indépendance, en s'enfermant dans la cage de Vaux. À chacun de ses poèmes payés répond dans notre mémoire un écho, qui n'est pas à son honneur. Quand il fait ses grâces au duc de Vendôme en lui disant que les Vendôme ne meurent pas :

Tant que Votre Altesse, seigneur,
Et celle encor du grand prieur
Aurez une santé parfaite,
Je renonce à toute retraite...

nous entendons dans notre mémoire cet inconnu du XIIe siècle nous dire :

Comtes, ni ducs, ni les rois couronnés
Ne se pourront à la mort dérober.
Car, quand ils ont grands trésors amassés,
Plus il leur faut partir à grand regret.
Mieux leur valut à bien les employer ;
Car quand ils sont en terre et en tombeau
Ne leur sert plus ni cité ni château.

À la description que fait La Fontaine de Mme Fouquet nourrissant son troisième fils :

Vous avez fait des poupons le héros,
Et l'avez fait sur un très bon modèle.
Il tient déjà mille menus propos ;
Sans se méprendre il rit à la plus belle.
....

Pour bien téter, il n'a pas son pareil...

nous répond la description d'autres poupons faite par Agrippa d'Aubigné : de la France se débattant entre son fils protestant et son fils catholique :

Je veux peindre la France une mère affligée
Qui est entre ses bras de deux enfants chargée.
Le plus fort, orgueilleux, empoigne les deux bouts
Des tétins nourriciers ; puis, à force de coups
D'ongles, de poings, de pieds, il brise le partage
Dont nature donnait à son besson l'usage.
Leur conflit se rallume et fait si furieux
Que d'un gauche malheur ils se crèvent les yeux.
Cette femme éplorée, en sa douleur plus forte,
Succombe à la douleur, mi-vivante, mi-morte ;
Elle voit les mutins, tout déchirés, sanglants,
Qui, ainsi que du cœur des mains se vont cherchants.
Adonc se perd le lait, le suc de sa poitrine ;
Puis, aux derniers abois de sa propre ruine,
Elle dit : « Vous avez, félons, ensanglanté
Le sein qui vous nourrit et qui vous a portés ;
Or, vivez de venin, sanglante géniture,
Je n'ai plus que du sang pour votre nourriture... »

La différence entre ces deux nurseries vous donne exactement l'écart qui sépare les deux poésies. Tout ce qui était, voilà cinquante ans encore, le motif à une inspiration grave, à un vers digne : la santé, le mariage, la naissance, ne sera plus, désormais, pendant deux cents ans à peu près, jusqu'à Musset et Baudelaire, que le prétexte à des coquetteries d'esprit et de style.

Un jour, La Fontaine découvre dans son miroir qu'il ne va pas, qu'il est malade. Voici sa plainte :

Quand la beauté que vous avez servie
À vos désirs parfois ne répond pas...
Sans cesse au cœur on a fureur et rage :
Fer et poison, on met tout en usage
Pour se tirer d'un pas si malheureux...
Le mal d'amour est le plus rigoureux.

Et voici l'écho, voici les vers de Mathurin Régnier qui, lui aussi, un matin, se sent souffrant et se regarde dans la glace :

Quand sur moy je jette les yeux,
À trente ans me voyant tout vieux,

Mon cœur de frayeur diminue ;
Estant vieilly dans un moment,
Je ne puis dire seulement
Que ma jeunesse est devenue...

Voilà beaucoup de citations. Et je crois nécessaire de vous montrer quelle piteuse figure fait en ce moment La Fontaine vis-à-vis de ses aînés, des vrais poètes français. Il semble être condamné à abdiquer à la fois sa dignité personnelle et celle de la poésie. Certes, La Fontaine essaye de ne pas prendre son petit esclavage au sérieux. Le contrat par lequel il a vendu son âme à Fouquet, il affecte d'en rire. Dans une épître à Pellisson, qui a été le très aimable entremetteur, il prétend que c'est lui, La Fontaine, qui fait à Fouquet une pension, une pension de vers, et il badine à ce sujet, non sans agrément.

Il me faudra quatre termes égaux.
À la Saint-Jean, je promets madrigaux,
Courts et troussés, et de taille mignonne.
Longue lecture en été n'est pas bonne.
Le chef d'octobre aura son tour après ;
Ma Muse alors prétend se mettre en frais :
Notre héros, si le beau temps ne change,
De menus vers aura pleine vendange.
Ne dites point que c'est menu présent,
Car menus vers sont en vogue à présent.
Vienne l'an neuf, ballade est destinée :
Qui rit ce jour, il rit toute l'année.
Or, la ballade a cela, ce dit-on,
Qu'elle fait rire, ou ne vaut un bouton.
Pâques, jour saint, veut autre poésie :
J'enverrai lors, si Dieu me prête vie,
Pour achever toute la pension
Quelque sonnet plein de dévotion.

Le matin exact du terme, pendant deux ans, La Fontaine s'amuse à présenter son poème, et Pellisson lui en fait une quittance en vers. Mais il est hors de doute qu'il est, comme le chien, à l'attache. Il est hors de doute aussi que cette attache lui plaît, à cause d'une certaine commodité de vie, de relation, de conversation, à cause de l'agrément de cette diversité d'événements et d'êtres. Notons, à sa décharge, qu'il se passe dans cette assemblée des événements auxquels un poète peut s'intéresser et qu'on ne saurait lui reprocher de suivre aussi avec volupté : La Fontaine voit expulser du monde littéraire le burlesque. Alors que, depuis vingt ans, toute la France était condamnée au burlesque, que régnaient les personnages parodiques, les Iliades travesties, les romans comiques où n'apparaissaient que des personnages outrés et ridicules, les fêtes de Vaux, les parterres, les bosquets, tout ce paysage noble et élégant est un filtre qui ne laissera plus désormais passer que la noblesse et l'élégance. Les momies que Fouquet a fait venir à grands frais d'Égypte, les statues romaines qu'il a rapportées de Lyon conjurent définitivement la trivialité, la plaisanterie facile. Tous ces dieux que Scarron a parodiés exigent une sorte de réparation, et chacun y a sa statue, et le pauvre Scarron lui-même est éliminé, et en tant qu'auteur, et en tant qu'être difforme.

Dans cette écluse qui fait passer un siècle de la grossièreté au raffinement, le brave Champenois s'allonge avec délices. Tout est tamis et filtre des personnages qui l'entourent ; chaque parole de femme est le filtre d'un langage qui devient pur et digne ; chaque esprit, le filtre de sentiments hier encore brutaux. Le cœur de Mme de La Fayette, l'encrier de Mme de Sévigné, la bouche de Mlle de Scudéry, autant de filtres magiques de premier ordre. Chacune des laconiques maximes de La Rochefoucauld est le filtre de nombre d'amours-propres, de vanités, de mensonges. Car les hommes aussi s'en mêlent. Ils commencent à porter des perruques, filtres ravissants des crânes dégarnis ou des cheveux huileux. La soie, le velours, les tapisseries, filtres recommandables aussi du droguet, de la bure et du plâtre ; les pelouses, filtre de la glèbe argileuse de Melun ; les eaux, filtre du temps : tout concourt à plonger le poète lui-même dans une espèce de métamorphose, d'où tombe, décidément, l'enveloppe champenoise. L'esclavage qu'ont les gens de lettres chez Fouquet est le contraire de celui de ces ilotes à Sparte, que l'on droguait pour qu'ils parussent brutaux et grossiers. C'est une ivresse de délicatesse et de politesse. Les madrigaux remplacent les hoquets ; l'épître, le monologue de l'ivrognerie. Mais c'est quand même un esclavage contre lequel La Fontaine ne résiste pas. D'autant plus que la nourriture de cette prison est confectionnée par Vatel lui-même et que les petits spectacles du soir y sont apprêtés par Molière, qui y donne sa première représentation des *Fâcheux,* la veille même du jour où arrive cet autre fâcheux : la disgrâce.

Cette attache est tellement conforme au goût de La Fontaine que, dès l'emprisonnement de Fouquet, il n'entrevoit d'autres solutions que d'en trouver une nouvelle. Il se fait nommer gentilhomme servant de la duchesse d'Orléans, veuve du frère de Louis XIII. Cette fois, c'est un servage moins brillant. La princesse est vieillie avant l'âge. Ce n'est plus à l'ambition qu'il faut faire sa cour, mais au rhumatisme. Le Luxembourg, où elle habite, est sinistrement froid et vide. Des trois filles de la princesse, l'une est morte, l'autre absente ; mais il n'y a pas lieu de les regretter, car elles ressemblent à la troisième, qui est présente, mais bossue. Pas de réception. Le seul familier de marque est l'évêque de Bethléem, un ancien capucin dont la sévérité est connue, ce qui impose aux repas la frugalité la plus complète. Les familières ne semblent pas moins sévères, puisque la plus sémillante d'entre elles est celle que Racine a dépeinte dans *Les Plaideurs* sous le nom de comtesse de Pimbêche, Mme de Crissé. Et le secrétaire payeur est moins large que n'était Pellisson ; les neuf gentilshommes de Madame, La Fontaine compris, ont à se partager annuellement la somme de dix-huit cents livres. On n'est même pas logé, dans ce purgatoire. La Fontaine habite à l'extrémité du parc, rue d'Enfer, et les gardes des portes veillent à ce qu'il soit toujours en honnête compagnie. Mais sa conscience de poète courtisan est si forte qu'il essaye avec loyauté, jusqu'à la mort de la duchesse, de trouver dans cette vie monotone des prétextes à rimer. Il emploie, évidemment, les genres graves : l'épître, l'ode, et n'a recours au sonnet que pour le mariage de la bossue et pour l'arrivée au palais de Mlle de Poussay. C'est là la seule éclaircie dans ce sombre séjour, où l'a reléguée Mlle de Guise, qui craint de la voir épousée par son frère le duc et l'a contrainte à passer du couvent dans la demeure qui est maintenant celle de nos sénateurs. Mlle de Poussay, à elle seule, va remplacer les essaims et les chœurs de Vaux :

J'avais brisé les fers d'Aminte et de Sylvie ;
J'étais libre, et vivais content et sans amour :
L'innocente beauté des jardins et du jour
Allait faire à jamais le charme de ma vie,
Quand du milieu d'un cloître Amarante est sortie.
Que de grâce, bons dieux ! Tout rit dans Luxembourg.

Simple figure poétique. Personne ne riait, d'autant plus que la fille aînée se brouillait avec son mari, que le gendre veuf voulait se remarier, et que la bru de la duchesse, qui occupait la partie gauche du palais, entretenait avec sa belle-mère une guerre hypocrite, mais acharnée, fermant de son côté le jardin par une barricade, tandis que la duchesse, pour se venger, imaginait de faire couper tous les vieux arbres. Les dix-huit gigantesques Rubens qui sont maintenant au Louvre n'accentuaient pas l'intimité. Les seuls vers légers qu'ait alors composés La Fontaine, il les a adressés au seul habitant du Luxembourg qui ne pouvait leur reprocher leur frivolité, à *Mignon,* le chien minuscule de la duchesse, et, s'ils nous apprennent ce qu'était alors la vie du poète, on ne peut dire qu'ils ajoutent beaucoup à sa gloire :

POUR MIGNON CHIEN
DE S.A.R. MADAME LA DOUAIRIÈRE D'ORLÉANS

Mignon a la taille mignonne ;
Toute sa petite personne
Plaît aux Iris des petits chiens,
Ainsi qu'à celles des chrétiens.
Las ! qu'ai-je dit qui te fait plaindre ?
Ce mot d'Iris est-il à craindre ?
Petit chien, qu'as-tu ? Dis-le-moi :
N'es-tu pas plus aise qu'un roi ?
Trois ou quatre jeunes fillettes,
Dans leurs manchons aux peaux douillettes,
Tout l'hiver te tiennent placé ;
Puis de madame de Crissé
N'as-tu pas maint dévot sourire ?
D'où vient donc que ton cœur soupire ?
Que te faut-il ? Un peu d'amour.
Dans un côté de Luxembourg,
Je t'apprends qu'Amour craint le suisse ;
Même on lui rend mauvais office
Auprès de la divinité
Qui fait ouvrir l'autre côté.
– Cela vous est facile à dire,
Vous qui courez partout, beau sire ;
Mais moi ! – Parle bas, petit chien ;
Si l'évêque de Bethléem
Nous entendait, Dieu sait la vie !

Et, à la mort de la duchesse, en 1672, c'est tout naturellement que La Fontaine devient gentilhomme du duc de Bouillon et continue, près des Bouillon, son métier de gazetier en vers et de poète officiel. Il devient le correspondant en vers de tous les parents ou amis des Bouillon, Turenne y compris, qui est leur oncle. Turenne n'y coupe pas d'être appelé le Mars de l'Alsace, le vainqueur des Titans, et, avec cette divination à rebours que nous verrons tout à l'heure dans La Fontaine, c'est quelques jours avant qu'il ne soit tué par un boulet que le poète lui adresse l'épître où l'on trouve ce vers :

Le plomb volant siffle autour sans l'atteindre...

Ne continuons pas. Pour juger définitivement ce qu'est La Fontaine, poète officiel, arrêtons-nous au summum de cette complaisance poétique, au poème pharmaceutique qu'il écrivit pour plaire à la duchesse de Bouillon, toujours amoureuse des nouveaux remèdes. Très amie des médecins : de Guenault, qui avait guéri Fouquet avec de l'antimoine et écrit un traité sur l'art de guérir les maladies par injection de sang d'hippopotame ; de Talbot, le médecin anglais qui avait guéri Condé et son fils, la duchesse exigea que La Fontaine écrivît une épopée sur un remède nouveau et fort combattu des médecins français : le quinquina. Le malheureux La Fontaine, déjà podagre, et sentant la mort prochaine, se vit contraint d'écrire deux longs chants de mille ou douze cents vers, pour annoncer aux Français que, grâce au quinquina, il n'y avait plus de vieillesse ni de souffrance. Il n'essaye pas d'esquiver la difficulté. Il lit des livres de médecine. Il consulte des médecins et, dans un premier chant, il nous donne sa théorie du grand fléau des humains, qui n'est plus la peste, mais la fièvre :

POÈME DU QUINQUINA

La fièvre, disait-on, a son siège aux humeurs.
Il se fait un foyer qui pousse ses vapeurs
Jusqu'au cœur qui les distribue
Dans le sang, dont la masse en est bientôt imbue.
Ces amas enflammés, pernicieux trésors,
Sur l'aile des esprits aux familles errantes,
S'en vont infecter tout le corps,
Source de fièvres différentes.
Si l'humeur bilieuse a causé ces transports,
Le sang, véhicule fluide,
Des esprits ainsi corrompus,
Par des accès de tierce à peine interrompus,
Va d'artère en artère attaquer le solide.
Toutes nos actions souffrent un changement.
La tête et le cerveau piqués violemment
Joignent à la douleur les songes, les chimères,
L'appétit de parler, effets trop ordinaires.
Que si le venin dominant
Se puise en la mélancolie,
J'ai deux jours de repos, puis le mal survenant
Jette un long ennui sur ma vie.

Et tout y passe : la circulation du sang, la marche de la bile, la contraction des muscles, les frissons. Le pauvre La Fontaine, pour la première fois, doit s'étudier, doit chercher l'inspiration dans ce corps même dont il s'est toujours si facilement distrait. Il a fait ce poème sur le rajeunissement en écoutant battre les vieilles oreilles, couler le vieux sang, craquer les vieux os de La Fontaine.

Écoutez ce qu'il a trouvé en tâtant le pouls de La Fontaine.

Le sang s'acquitte encor chez nous d'un autre office :
En passant par le cœur il cause un battement ;
C'est ce qu'on nomme pouls, sûr et fidèle indice
  Des degrés du fiévreux tourment.
  Autant de coups qu'il réitère,
Autant et de pareils vont d'artère en artère
Jusqu'aux extrémités porter ce sentiment.
Notre santé n'a point de plus certaine marque
  Qu'un pouls égal et modéré.
Le contraire fait voir que l'être est altéré ;
Le faible et l'étouffé confine avec la Parque,
  Et tout est alors déploré.

Je vous fais grâce du second chant et de la découverte de l'écorce du quina, car le mot *quinquina* n'en est que le nom poétique :

Loin des peuples connus, Apollon l'a placée.
Entre elle et nous s'étend tout l'empire des flots.
Peut-être a-t-il voulu la vendre à nos travaux ;
Peut-être il la devait donner pour récompense
Aux hôtes d'un climat où règne l'innocence.

Et le spectacle de la famille affligée, et le mélange nécessaire du quina avec le genièvre, et son entente avec la cervoise :

  Nulle liqueur au quina n'est contraire :
  L'onde insipide et la cervoise amère,
  Tout s'en imbibe...

De ce poème, d'où se dégagent les figures d'un Diafoirus doux et tendre, les premières silhouettes aussi d'un Bernardin de Saint-Pierre ou d'un Delille, ressort surtout l'image du poète aimable, obéissant et commode qu'était La Fontaine. Et il aurait pu n'être que cela. Et d'autres, qui ont débuté comme lui, ont été de l'amabilité aux amitiés toutes faites, de l'obéissance à la servilité, de la commodité au mépris du petit et du pauvre. Aucun, en tout cas, dans cette fin de siècle et jusqu'à la mort de Louis XIV, n'a résisté à l'attrait du monde et de la cour. Une sévère élimination du misérable et de la misère, du pauvre et de la pauvreté, du malheureux et du malheur, a été faite de notre poésie. Et la différence des castes, et l'injustice du sort donné par Dieu, et du sort donné par la naissance, sont passées sous silence par nos géniaux brosseurs d'étalage. Le seul pauvre de toute notre littérature classique est le mendiant que Molière a introduit pour quelques secondes dans *Dom Juan*.

De ce jour[1], quelle que soit l'impulsion profonde qui pousse un Français à écrire, elle aboutit, le premier mot tracé, non à une œuvre d'écrivain, mais de lettré, non de poète, mais de poète lettré. Depuis Corneille jusqu'aux parnassiens, que ce soit Vaux, Versailles, le salon de Mme Geoffrin ou de la princesse Mathilde, le répertoire de notre littérature est le plus beau concours général d'éloquence, de finesse et de logique qui se soit livré entre les hommes ; mais, comme dans les concours généraux et les exercices de liturgie, il semble que ce soit sur des sujets théoriques fixés à l'avance depuis des siècles, et retirés de l'humanité contemporaine. Pour tout ce qui n'est pas le tournoi d'une cour de hauts jeux de l'âme, l'expression y est remplacée par la considération. Il y a dans notre littérature des considérations sur la misère, pas une seule expression de la misère, et il en est de même de tous les grands besoins et de toutes les grandes souffrances primitives. Et nous en sommes encore là. Une littérature qui présente en première ligne comme son écrivain damné ce bourgeois satisfait qu'est Victor Hugo, comme exemple du malheur et du romantisme l'ambassadeur Chateaubriand, comme expression suprême de la douleur de la vieillesse les stances de Corneille à Marquise, ne peut être évidemment que la littérature d'une langue et d'un public avertis, où les indications et le fini du style sont tout, mais rien cette plainte qu'est la voix et rien l'ampleur et l'amertume de sons dans la glotte et le pharynx, rien la récrimination ou la jubilation naturelles, où le malheur, le vice, la désolation ne peuvent trouver que des expressions figurées, mais jamais leur cri naturel !

La littérature classique est celle d'une certaine classe qui est la classe royale, et elle ne s'adresse qu'au roi, ou à ce modèle de petit dauphin, élevé artificiellement par le *Télémaque* ou *Les Martyrs,* qu'est le petit collégien français, cancre ou bon élève,

1. J'ai repris récemment cette thèse dans un article sur Charles-Louis Philippe. Mes lecteurs me pardonneront, entre beaucoup d'autres, cette redite.

auquel une éducation inimaginable arrive à mieux faire comprendre ces monuments d'artifice que sont les tragédies de Voltaire ou de Casimir Delavigne que les chansons de geste ou les mystères. Mais elle n'a plus de rapport naturel avec l'esprit et l'âme de la race, et la confiscation du langage français par cette caste d'écrivains en bourgeois est si complète que le vrai peuple français n'a plus ses cris.

D'où vient, cependant, qu'une œuvre, à ce moment précis, surgisse, qui nous montre, d'une façon si impitoyable qu'elle ressemble parfois à une œuvre de vengeance, toute la trame la plus sordide et la plus cruelle de la vie, que cette œuvre soit la plus populaire, la plus simple, la plus gaie et la plus réelle de toutes, et qu'elle soit à la fois notre chanson de geste et nos fabliaux, qu'elle ait pour auteur le plus irréel, le plus veule et le plus complaisant parmi tous ces poètes ? Nous allons le voir maintenant.

Mais, auparavant, ayons recours à un intermède que vous souhaitez tous et qui vous sera dispensé aujourd'hui par Mme Marguerite Moreno. Elle va vous dire une de ces fables si impitoyables et si naturelles.

Ici Mme Marguerite Moreno récite Les Animaux malades de la peste *:*

LES ANIMAUX MALADES DE LA PESTE

Un mal qui répand la terreur,
Mal que le Ciel en sa fureur
Inventa pour punir les crimes de la terre,
La peste (puisqu'il faut l'appeler par son nom),
Capable d'enrichir en un jour l'Achéron,
Faisait aux animaux la guerre.
Ils ne mouraient pas tous, mais tous étaient frappés :
On n'en voyait point d'occupés
À chercher le soutien d'une mourante vie ;
Nul mets n'excitait leur envie ;
Ni loups ni renards n'épiaient
La douce et l'innocente proie ;
Les tourterelles se fuyaient :
Plus d'amour ; partant, plus de joie.
Le lion tint conseil, et dit : « Mes chers amis,
Je crois que le Ciel a permis
Pour nos péchés cette infortune.

Que le plus coupable de nous
Se sacrifie aux traits du céleste courroux ;
Peut-être il obtiendra la guérison commune.
L'histoire nous apprend qu'en de tels accidents
On fait de pareils dévouements.
Ne nous flattons donc point ; voyons sans indulgence
L'état de notre conscience.
Pour moi, satisfaisant mes appétits gloutons,
J'ai dévoré force moutons.
Que m'avaient-ils fait ? Nulle offense ;
Même il m'est arrivé quelquefois de manger
Le berger.
Je me dévouerai donc, s'il le faut ; mais je pense
Qu'il est bon que chacun s'accuse ainsi que moi ;
Car on doit souhaiter, selon toute justice,
Que le plus coupable périsse. »
« Sire, dit le renard, vous êtes trop bon roi ;
Vos scrupules font voir trop de délicatesse.
Eh bien ! manger moutons, canaille, sotte espèce,
Est-ce un péché ? Non ! Non ! Vous leur fîtes, seigneur,
En les croquant, beaucoup d'honneur ;
Et quant au berger, l'on peut dire
Qu'il était digne de tous maux,
Étant de ces gens-là qui sur les animaux
Se font un chimérique empire. »
Ainsi dit le renard, et flatteurs d'applaudir.
On n'osa trop approfondir
Du tigre, ni de l'ours, ni des autres puissances,
Les moins pardonnables offenses :
Tous les gens querelleurs, jusqu'aux simples mâtins,
Au dire de chacun étaient de petits saints.
L'âne vint à son tour, et dit : « J'ai souvenance
Qu'en un pré de moines passant,
La faim, l'occasion, l'herbe tendre, et, je pense,
Quelque diable aussi me poussant,
Je tondis de ce pré la largeur de ma langue ;
Je n'en avais nul droit, puisqu'il faut parler net. »
À ces mots, on cria haro sur le baudet.
Un loup, quelque peu clerc, prouva par sa harangue
Qu'il fallait dévouer ce maudit animal,
Ce pelé, ce galeux, d'où venait tout leur mal.
Sa peccadille fut jugée un cas pendable.
Manger l'herbe d'autrui ! quel crime abominable !
Rien que la mort n'était capable
D'expier son forfait. On le lui fit bien voir.

Selon que vous serez puissant ou misérable,
Les jugements de cour vous rendront blanc ou noir.

Il est une théorie courante qui veut que ce soit l'amitié qui ait sauvé La Fontaine du sort réservé aux poètes courtisans et l'ait gardé en contact avec la nature. L'amour de la nature est, en effet, la meilleure préface à l'amitié, et c'est par là que L.-P. Fargue l'explique dans La Fontaine :

Ce sens de l'amitié que l'on vante si souvent, n'est-ce pas des champs, des forêts, des étangs qu'il le tenait ? Rien ne rend plus apte à saisir les nuances énigmatiques de l'amitié que l'on propose aux hommes ou que l'on reçoit d'eux que celle que l'on offre d'abord aux formes silencieuses qui entourent une maison de campagne, un tilleul, un coude de la route, une haie, un lièvre entrevu entre deux bornes, ou la robe lamée d'argent d'une source à l'obscure fraîcheur.

Les malheurs dont furent victimes ses protecteurs l'auraient ainsi prédisposé à cette humeur libertaire qui fait des fables une véritable satire de la société. Et il est bien exact que les amis de La Fontaine eurent des malheurs. Et comme il choisissait ces amis parmi les grands, ce furent de grands malheurs. Et il est bien vrai que, quand Fouquet est disgracié, La Fontaine ne l'abandonne pas. C'est évidemment sa fidélité qui lui dicte cette élégie des *Nymphes de Vaux,* où nous trouvons réunis avec surprise, quand nous la lisons, tous les beaux vers sur les caprices de la fortune que nous croyons être de poètes différents :

Le plus sage s'endort sur la foi des zéphyrs...
Pour lui les plus beaux jours sont de secondes nuits...

C'est vraiment la fidélité, lorsqu'il passe à Amboise, où Fouquet avait été incarcéré au début de son procès, qui le mène au château et le pousse à visiter la chambre de son protecteur :

Je demandai de la voir. Triste plaisir, je vous le confesse, mais enfin je le demandai. Le soldat qui nous conduisait n'avait pas la clef : au défaut, je fus longtemps à considérer la porte, et me fis conter la manière dont le prisonnier était gardé. Je vous en ferais volontiers la description, mais ce souvenir est trop affligeant.

Qu'est-il besoin que je retrace
Une garde au soin nonpareil,
Chambre murée, étroite place,

Quelque peu d'air pour toute grâce,
Jours sans soleil,
Nuits sans sommeil,
Trois portes en six pieds d'espace ?
Vous peindre un tel appartement,
Ce serait attirer vos larmes ;
Je l'ai fait insensiblement :
Cette plainte a pour moi des charmes.

Sans la nuit, ajoute-t-il, *on n'eût jamais pu m'arracher de cet endroit.*

C'est l'amitié du chien devant la porte de la maison où le maître n'est plus. Et il n'hésite pas – au moment où il a le plus besoin de la faveur du roi, en 1671, alors que les *Contes* sont poursuivis par la police – à publier *Le Songe de Vaux*, à livrer cette commande de Fouquet, faite voilà dix ans, avec un manque d'à-propos prodigieux. Alors que toute la poésie descriptive du siècle s'élance déjà, comme les chenilles, vers la maigre verdure de Versailles, et où Louis XIV est possédé par l'amour-propre et la jalousie du propriétaire, La Fontaine publie une description dithyrambique du château de Fouquet, le présente comme la merveille qu'aucun souverain et qu'aucun architecte n'atteindront jamais plus, si bien que Versailles lui sera fermé et qu'il ne pourra y avoir d'autres entrées que celle du petit public. Et il est vrai que, quand la duchesse de Bouillon, sa seconde protectrice, est disgraciée, reléguée en province pour sa liberté d'allures et son attitude vis-à-vis de la cour, il ne cesse jamais de lui écrire, de lui dédier des fables, projette même de la rejoindre en Angleterre, où elle est comme exilée, et cela dans des épîtres ou des lettres en vers qui sont colportées et copiées. Et il est vrai qu'il ne l'abandonne même pas quand vient cette autre disgrâce pour une jolie femme qu'est l'âge, et qu'à la fin de sa vie il continue de lui écrire des vers pour jeunes filles :

Vous portez en tous lieux la joie et les plaisirs.
Allez en des climats inconnus aux zéphyrs,
Les champs se vêtiront de roses.

Et il est bien exact que La Fontaine a écrit les plus beaux vers sur l'amitié. Notre amitié pour La Fontaine nous oblige à en citer quelques-uns au passage :

Qu'un ami véritable est une douce chose !
Il cherche vos besoins au fond de votre cœur ;
Il vous épargne la pudeur

De les lui découvrir vous-même.
Un songe, un rien, tout lui fait peur
Quand il s'agit de ce qu'il aime.

Et sa confiance dans l'amitié était telle que, lorsque Mme de La Sablière, chez laquelle il habitait depuis quinze ans, mourut et qu'il lui fallut quitter cette maison, il rencontra M. d'Hervart, un autre de ses amis, qui lui offrit d'aller demeurer chez lui, et lui répondit :

– J'y allais.

Et, en fait, ce n'était pas un mot. Il y allait véritablement. C'était une demeure somptueuse, décorée par Mignard, mais c'était l'ambassade de l'amitié, et les ambassades ne peuvent être simples sur cette terre. Et l'on constate aussi, en effet, que La Fontaine, qui a débuté à Paris chez M. Fouquet, financier, et qui est mort chez M. d'Hervart, financier, n'a jamais dit du mal des financiers et des fermiers généraux. Mais l'explication de l'œuvre d'un poète par l'amitié ou la fidélité, quelle que soit l'ampleur de ces sentiments, me semble, en tant que critique littéraire, avoir de médiocres fondements, surtout si nous serrons de près le problème.

Voici le problème. Toute la littérature du XVIIe siècle nous a donné du règne de Louis XIV une description magnifique, qui correspond peut-être à la gloire et à l'orgueil de la royauté française, mais pas le moins du monde à l'état de la France. Sur la misère, la pauvreté, l'angoisse et l'épuisement de la nation, la littérature a observé un mot d'ordre qui n'aurait pas été mieux observé s'il lui avait été imposé par la force. Tous les fards antiques et classiques ont été passés sur le pauvre visage anémique de la France. En place de bâillon, on a mis sur sa bouche, qui criait la faim, un porte-voix dans lequel, par l'entremise des auteurs les plus géniaux, elle clamait les conflits amoureux de son cœur. La première grande opération de propagande d'État a réussi complètement, grâce à Molière, Racine, Boileau et consorts. Le secret n'a été trahi que trois fois par les prosateurs du règne.

La première trahison est de Vauban, qui, dans son livre de *La Dîme Royale*, dénonce le masque de richesse qui couvre la France.

La dixième partie du peuple est réduite à la mendicité et mendie effectivement. Des neuf autres parties, il y en a cinq qui ne sont pas en état de faire l'aumône à celle-là, parce qu'elles-mêmes sont réduites, ou peu s'en faut, à cette malheu-

reuse condition ; des quatre autres parties qui restent, les trois sont fort malaisées et embarrassées de dettes et de procès ; et je ne croirais pas mentir quand je dirais qu'il n'y a pas dix mille familles, petites ou grandes, qu'on puisse dire être fort à leur aise, et qui en ôterait les gens d'affaires, leurs alliés ou adhérents couverts ou découverts, et ceux que le roi soutient par ses bienfaits, quelques marchands, etc., je m'assure que le reste serait en petit nombre.

Le second traître est La Bruyère, qui dénonce la misère :

Des petites gens :

Il y a des misères sur la terre qui saisissent le cœur. Il manque à quelques-uns jusqu'aux aliments : ils redoutent l'hiver, ils appréhendent de vivre. L'on mange ailleurs des fruits précoces ; l'on force la terre et les saisons pour fournir à sa délicatesse : de simples bourgeois, seulement à cause qu'ils étaient riches, ont eu l'audace d'avaler en un seul morceau la nourriture de cent familles. Tienne qui voudra contre de si grandes extrémités. Je ne veux être, si je le puis, ni malheureux, ni heureux ; je me jette et me réfugie dans la médiocrité.

Des paysans :

L'on voit certains animaux farouches, des mâles et des femelles, répandus par la campagne, noirs, livides, et tout brûlés de soleil, attachés à la terre qu'ils fouillent et qu'ils remuent avec une opiniâtreté invincible ; ils ont comme une voix articulée, et, quand ils se lèvent sur leurs pieds, ils montrent une face humaine ; et, en effet, ils sont des hommes. Ils se retirent la nuit dans des tanières, où ils vivent de pain noir, d'eau et de racines ; ils épargnent aux autres hommes la peine de semer, de labourer et de recueillir pour vivre, et méritent ainsi de ne pas manquer de ce pain qu'ils ont semé.

Le troisième est Fénelon. Voici ce qu'écrit à Louis XIV, le roi des rois, le maître de l'Europe, le respectueux archevêque de Cambrai, le poète fleuri de *Télémaque,* le gouverneur des dauphins, dans une lettre qu'il remit effectivement et que je vous lirai, car elle coupera court dans vos esprits, comme jamais court-circuit ne l'a fait d'illuminations du 14 juillet, toutes les lumières de Versailles :

Vous êtes né, Sire, avec un cœur droit et équitable ; mais ceux qui vous ont élevé ne vous ont donné pour science de gouvernement que la défiance, la jalousie, l'éloignement de la vertu, la crainte de tout mérite éclatant, le goût des hommes souples et rampants, la hauteur et l'attention à votre seul intérêt.

Depuis environ trente ans, vos principaux ministres ont

ébranlé et renversé toutes les anciennes maximes de l'État, pour faire monter jusqu'au comble votre autorité qui était devenue la leur parce qu'elle était dans leurs mains. On n'a plus parlé de l'État ni des règles ; on n'a parlé que du roi et de son bon plaisir. On a poussé vos revenus et vos dépenses à l'infini. On vous a élevé jusqu'au ciel pour avoir effacé, disait-on, la grandeur de vos prédécesseurs ensemble, c'est-à-dire pour avoir appauvri la France entière afin d'introduire à la cour un luxe monstrueux et incurable. Ils ont voulu vous élever sur les ruines de toutes les conditions de l'État, comme si vous pouviez être grand en ruinant tous vos sujets sur qui votre grandeur est fondée. Ils vous ont accoutumé à recevoir sans cesse des louanges outrées qui vont jusqu'à l'idolâtrie et que vous auriez dû, pour votre honneur, rejeter avec indignation. On a rendu votre nom odieux et toute la nation française insupportable à nos voisins. On n'a conservé aucun ancien allié, parce qu'on n'a voulu que des esclaves...

Cependant, vos peuples, que vous devriez aimer comme vos enfants, et qui ont été jusqu'ici si passionnés pour vous, meurent de faim. La culture des terres est presque abandonnée et les campagnes se dépeuplent ; tous les métiers languissent et ne nourrissent plus les ouvriers. Tout commerce est anéanti. Par conséquent, vous avez détruit la moitié des forces réelles du dedans de votre État pour faire et défendre de vaines conquêtes au dehors. Au lieu de tirer de l'argent de ce pauvre peuple, il faudrait lui faire l'aumône et le nourrir. La France entière n'est plus qu'un grand hôpital désolé et sans provision. Les magistrats sont avilis et épuisés. La noblesse, dont tout le bien est en décret, ne vit que de lettres d'État. Vous êtes importuné de la foule des gens qui demandent et murmurent. C'est vous-même, Sire, qui vous êtes attiré tous ces embarras ; et, tout le royaume ayant été ruiné, vous avez tout entre vos mains et personne ne peut plus vivre que de vos dons. Voilà ce grand royaume si florissant sous un roi qu'on nous dépeint tous les jours comme les délices du peuple, et qui le serait, en effet, si les conseils flatteurs ne l'avaient point empoisonné.

Telle est la lettre qui relève singulièrement l'attrait de la littérature épistolaire sous Louis XIV. Mais c'est tout. Vous avez là toutes les lignes que la prose française a consacrées pendant les soixante-douze ans du règne de Louis XIV à dire la vérité sur le régime. Et, dans la poésie, il n'y a eu qu'un seul traître, mais c'est notre courtisan salarié de Vaux et de Luxembourg, c'est La Fontaine. Lui seul n'a pas fait abstraction de la misère, de l'intrigue des petits, de la bassesse des courtisans, de l'amour de la flatterie chez le roi lui-même. Toute sa verve en est pétrie. Il suffit de feuilleter au hasard. Voici, par exemple, un complément à La Bruyère et à Vauban :

Quel plaisir a-t-il eu depuis qu'il est au monde ?
En est-il un plus pauvre en la machine ronde ?
Point de pain quelquefois, et jamais de repos :
Sa femme, ses enfants, les soldats, les impôts,
Le créancier et la corvée,
Lui font d'un malheureux la peinture achevée.

Voici, épars dans toutes les fables, des compléments et des variantes à Fénelon :

Amusez les rois par des songes,
Flattez-les, payez-les d'agréables mensonges.
Quelque indignation dont leur cœur soit rempli,
Ils goberont l'appât, vous serez leur ami.

Ou bien :

On en use ainsi chez les grands.
La raison les offense ; ils se mettent en tête
Que tout est né pour eux, quadrupèdes et gens,
Et serpents.
Si quelqu'un desserre les dents,
C'est un sot. – J'en conviens ; mais que faut-il donc faire ?
– Parler de loin, ou bien se taire.

Ou bien :

Je définis la cour un pays où les gens,
Tristes, gais, prêts à tout, à tout indifférents,
Sont ce qu'il plaît au prince, ou, s'ils ne peuvent l'être,
Tâchent au moins de le paraître.
Peuple caméléon, peuple singe du maître.

Pas une fable qui ne vous mette en garde contre la méchanceté ou l'indifférence des grands, la cupidité des bourgeois, la bassesse des courtisans. Ni la fidélité à Fouquet, qui a aimé la flatterie, ni l'amitié de Mme de Bouillon, qui est le modèle le plus réussi de la femme brillante, ne peuvent expliquer cette audace si contraire justement au genre de poésie que tous deux aimaient et à celle que leur offrait si complaisamment La Fontaine. Quelle est donc l'explication ?

Lorsque l'abbé Verger, dans le poème que je vous lisais mercredi dernier, explique La Fontaine par ce vers :

Tout le cours de ses ans n'est qu'un tissu d'erreurs,

il approche tout près de la vérité. Il suffirait, pour l'atteindre, de remplacer le mot *erreurs* par le mot *inconséquences.* Ce qui manque le plus à cette vie, c'est la logique, ou plutôt, car on ne peut parler que positivement en parlant de La Fontaine, ce en quoi elle abonde, c'est l'illogisme. La Fontaine n'a ni l'habileté que donne l'exercice des qualités mondaines, ni la constance que donne une pensée ferme dans ses propos. Chacun de ses actes se double d'un acte qui le contredit absolument. Au moment où il publie ses descriptions magnificentes du château de Vaux, qui vont redoubler l'antipathie de Louis XIV, il n'essaye pas moins, dans *Psyché,* de faire une description du Versailles naissant. Au moment où il adresse à la duchesse de Bouillon des éloges qui le rendent indésirable en haut lieu, il n'écrit pas moins de la même plume à la maîtresse de Louis XIV, Mlle de Fontanges, et dans des termes tels qu'on pourrait facilement interchanger les deux épîtres. Au moment où il est tombé, presque septuagénaire, dans une vie assez scandaleuse, l'année même où il se lie avec cette Mme Ulrich, qui est l'exemple de tous les dérèglements, et que le lieutenant de police sera forcé d'enfermer aux Madelonnettes, il écrit le poème de l'amour conjugal, *Philémon et Baucis.* Le même encrier a tout fourni. Et toute la vie de La Fontaine, dans ses moindres détails, n'est que ce tissu d'impairs vis-à-vis de lui-même et vis-à-vis de tierces personnes. Il écrit un de ses contes les moins admissibles dans le mois même où, sur la suggestion de ces messieurs de Port-Royal, il se lance dans ce poème de *Saint Malc,* éloge de la chasteté, où il voulait dépasser *Polyeucte,* et où il a réussi seulement à annoncer Maeterlinck par la description de saint Malc penché sur une fourmilière. Dans cette confusion des sentiments, il emploie, pour peindre le saint et la sainte, le vocabulaire de Boccace, et il glisse, au contraire, dans les *Contes* des vers éclatants de pureté. La sainteté de saint Malc éclate par osmose dans les aventures du Gascon. Quand il écrit à Mme Ulrich pour lui dire de se méfier d'un retour inopiné de son mari, que fait-il ? Il parle avec admiration à cette femme jalouse de sa fille Thérèse, qu'il a rencontrée en son absence, jeune fille ennemie de sa mère qui devait s'enfermer au couvent pour la fuir et devant le visage fermé de laquelle La Fontaine oublie le large sourire de son amie.

Écoutez cet à-propos :

J'ai vu, écrit-il, *Mademoiselle Thérèse, qui m'a semblé d'une beauté et d'un teint au-dessus de toutes choses. Il n'y a que la fierté qui m'en choque... Je la verrai encore aujourd'hui, s'il plaît à Dieu.*

Et, quelques jours après, voici sa déclaration à Mme Ulrich :

J'ai reçu, Madame, une de vos lettres qui est sans date. J'ai vu Mademoiselle Thérèse depuis cela, non pour obéir à vos ordres, mais pour mon plaisir, et très grand plaisir. Elle avait le plus beau teint que fille que j'aie vue de ma vie. Ne vous allez pas imaginer que nous nous laissions mourir de chagrin pendant cette absence. C'est une chose qui se dit toujours et qui n'arrive jamais... Je verrai souvent Mademoiselle votre fille et penserai un peu plus souvent à vous, bien certain que, de votre part, vous n'avez garde de m'oublier.

Si j'ajoute que c'est au moment où il décide de se consacrer à la pauvreté qu'il va habiter chez le plus riche de ses amis, au moment où il se sent indigne et modeste qu'il brigue les honneurs et l'Académie, il ne nous reste plus qu'à nous étonner de voir que son corps n'ait pas été aussi inconséquent que son esprit, que le corps de La Fontaine ait trouvé le moyen de boire quand il avait soif, et de mourir au moment où il était le plus malade. Partout, l'absence la plus complète d'habileté. Alors que, dans ses fables, tout est juste, clair, impitoyable, ses lettres et ses poèmes à allure personnelle ne sont souvent qu'un assemblage de fautes de tact ou de vérité. On dit que Fouquet n'a pas été très satisfait de la magnifique épître aux nymphes de Vaux, et ce n'est pas étonnant, car elle se termine par ce vers qui semble laisser croire que La Fontaine l'estimait coupable :

Et c'est être innocent que d'être malheureux.

Et Louis XIV n'en est pas plus flatté, car La Fontaine lui donne le conseil maladroit d'imiter Henri IV pour être un grand roi.

Dans un poème à la duchesse de Bouillon exilée, il trouve, en la couvrant de fleurs, le moyen de lui rappeler qu'elle est un peu cause de ses disgrâces :

Vous avez cent secrets pour combattre l'orage :
Que n'en aviez-vous un qui le sût prévenir !

Partout, l'absence de tout orgueil, de tout parti pris. Mais de là aussi une attitude qui est le contraire de celle d'une âme libre et indépendante. Les éloges de ce roi que La Fontaine n'aime pas et qui n'a pour lui aucune sympathie abondent dans ses vers, et même lorsque rien ne les réclame. À tel point que ses amis en sont offusqués, et, quand La Fontaine, avec sa maladresse habituelle, écrit à Saint-Évremond, qui s'est établi à Londres dans l'antipathie de la cour de Versailles, et lui propose tout simplement de faire des dithyrambes sur la royauté, il s'attire cette réponse :

Je ne parlerai point des rois.
Ce sont des dieux vivants que j'adore en silence.
Loués à notre goût, et non pas à leur choix,
Ils méprisent notre éloquence.
Dire de leur valeur ce qu'on a dit cent fois
Du mérite passé de quelque autre vaillance,
Donner un tour antique à de nouveaux exploits,
C'est des vertus du temps ôter la connaissance...
Sans moi, leur gloire a pu passer les mers ;
Sans moi, leur juste renommée
Par toute la terre est semée ;
Ils n'ont que faire de mes vers.

Et voici la conclusion que je vous propose : la conciliation dans La Fontaine de l'esprit de courtisanerie et de l'esprit de dignité, la coexistence dans son œuvre d'une liberté sans mesure et d'un artifice servile, ne peuvent s'expliquer que par un mot, par ce mot qui vous est venu sûrement à l'esprit en suivant ses divagations : l'inconscience. J'avais d'abord projeté, je l'avoue, une solution plus conforme à la dignité poétique. Je vous montrais, après chacune des tentations du monde, La Fontaine sauvé par quelque résolution intérieure ou quelque événement. La tentation Fouquet ?... Je vous montrais La Fontaine sauvé par la disgrâce du surintendant, mais surtout par son voyage dans le Limousin. Je vous aurais raconté avec plus de détails cette longue excursion dans la campagne et la province française, jusqu'à cette ville de Limoges, déjà repérée par l'administration pour y abriter les mécomptes des fonctionnaires disgraciés. Vous y auriez vu La Fontaine, comme Montaigne dans son *Voyage en Italie,* oubliant les malheurs et les faussetés de l'époque, au hasard des rencontres d'auberges, se purifiant l'âme et le talent dès la première étape. Je vous aurais montré cette bouffée d'air pur qu'il aspire aux portes de Paris.

Présentement, nous sommes à Clamart, au-dessous de cette fameuse montagne où est situé Meudon ; là, nous devons nous rafraîchir deux ou trois jours. En vérité, c'est un plaisir que de voyager... Vous ne sauriez croire combien est excellent le beurre que nous mangeons.

Et je vous aurais montré les secondes tentations : celle de Mme d'Orléans, ou celle de Mme de Bouillon, vaincues par la réunion qui assembla sur les bords de la Seine et à Versailles quatre amis qui ont nom Racine, Boileau, Molière et La Fontaine. Et les tentations de la fin de sa vie, je vous les aurais montrées vaincues par ce grand amour de la surface de la terre qui le saisit au moment où il va entrer dans sa profondeur, par ce grand désir de campagne, qui prend La Fontaine vieillard, le conduit à Bois-le-Vicomte des semaines entières, et le ramène même à Château-Thierry. Mais en étudiant de plus près La Fontaine, je me suis rendu compte de l'artifice d'une telle explication. Sa vie et ses œuvres nous le prouvent, il n'y a jamais chez lui alternance de sentiments, mais concomitance. Il a été le plus servile alors qu'il était le plus libre, le plus flatteur alors qu'il était le plus vrai, le plus fou alors qu'il était le plus sage. Il faut que nous en revenions à un système bien particulier d'explication, que les manuels littéraires réprouvent, mais que les faits nous imposent, et qui nous donne déjà, après le panorama de ces trois premières tentations, une idée assez personnelle de La Fontaine : il a échappé à la médiocrité bourgeoise par la distraction, à l'immoralité et à une carrière licencieuse par un grand respect du sommeil, des femmes et une invincible envie de dormir ; il a échappé à l'emprise de la cour et de l'esprit de cour par l'inconscience.

Quelle différence, me direz-vous, avec les autres écrivains de son époque, dont la caractéristique a été justement la conscience, et la comparaison s'impose invinciblement avec son cousin Racine, dont la vie, elle, est un tissu de luttes intérieures, de débats raisonnés ! Mais y a-t-il une différence ? Racine a pu faire de sa vie une opération consciente, et il ne l'a pas fait de ses œuvres. Le jeune élève de Port-Royal au moment où il entrait dans l'empire romain, dans l'archipel grec, le bourgeois parisien au moment où il ouvrait les portes du domaine de Phèdre, perdait à ce moment-là aussi conscience de son éducation, de sa situation, de son propre caractère. Toute cette irresponsabilité, cette inconscience que La Fontaine apportait dans sa vie courante, Racine l'avait dans sa vie idéale. Et Molière aussi devenait inconscient, quand il passait de sa direction de théâtre à sa table d'écrivain. Et chaque vrai poète, dès qu'il foule sa terre de poète, n'est digne du nom de poète que s'il perd le souvenir de ses propres intérêts et même de ses propres penchants. Le talent n'est sûr, n'est pur, n'est le talent que s'il conserve une fraternité avec cet état qui est notre seul état commun avec les autres règnes, végétal ou animal, qui est justement l'inconscience. Le poète n'est pas celui dont la morale propose et dont l'esprit exécute. Le génie n'est pas la réalisation magistrale d'un plan tracé par son auteur. Au contraire. Le génie est la forme suprême de l'inadvertance, de l'impair, de la gaffe. La poésie dit ce qu'elle veut dire, jamais le poète, ou ce n'est plus un poète. Voyez ceux de nos poètes qui ont voulu écrire des hymnes vengeurs, qui ont voulu délibérément être les chantres d'un saint ou d'une religion. Ils n'ont jamais écrit que des cantiques, des complaintes, et, en parlant de Dieu, ils n'arrivent à parler que d'eux-mêmes. C'est qu'il n'y a pas de poètes vengeurs, de poètes religieux. C'est la poésie qui est vengeresse, c'est la poésie qui est religieuse. Peu importe l'indifférence, l'athéisme du poète dans sa vie privée, ou son égoïsme, ou sa sensiblerie, si, dans la région poétique où il est seul admis, il est généreux, croyant et raffiné.

Dès lors, pourquoi adresser à La Fontaine le moindre reproche ? L'importance qu'il attachait aux grandes relations se trouve être complètement rachetée par l'importance qu'il attachait aux petites. Cette inconscience poétique, qui a fait pour lui d'un roi réel une irréalité et d'une assemblée d'animaux une cour de Versailles, le rachète de tout. Aussi ne lui sachons pas mauvais gré de cette vie un peu compromettante, dans un monde d'apparences pour lequel lui-même s'arrangeait souvent pour trouver deux alibis, les deux plus sérieux qu'un poète puisse revendiquer : la mythologie et la nature. Ne lui en veuillons pas d'y avoir, en entretenant l'inconscience dans sa vie privée, introduit, non l'inconscience du sot, de l'égoïste, mais cette surdité au bruit et au remous humain qui est le privilège du sage. Cela nous permet, au lieu d'être péniblement impressionnés en évoquant, maintenant, les deux spectacles dont je vous parlais au début de cette causerie, de sourire en voyant La Fontaine vendre son âme à Pellisson, et de nous moquer, sans aucun scrupule – quand les quarante bœufs qui ont nom Chapelain, Rose, Furetière, ou Boyer, entourent de leur cercle académique notre poète surpris en pleine corrida de son front *embollado* avec les lièvres, les grenouilles et les lapins – de ceux qui le croient ainsi soustrait pour toujours à la liberté et à l'audace. Au milieu des prisons morales, La Fontaine n'est pas un autre que celui qu'il eût été dans une prison de pierre et de fer, dans la chambre d'Amboise, si on l'y eût enfermé à la place de Fouquet : un poète inconscient, c'est-à-dire conscient de toute poésie, un être libre.

Ici, Mme Moreno nous lit des Souvenirs de Vaux *:*

Remplissez l'air de cris en vos grottes profondes ;
Pleurez, nymphes de Vaux, faites croître vos ondes ;
Et que l'Anqueuil enflé ravage les trésors
Dont les regards de Flore ont embelli ses bords.
On ne blâmera point vos larmes innocentes ;
Vous pouvez donner cours à vos douleurs pressantes ;
Chacun attend de vous ce devoir généreux ;
Les destins sont contents : Oronte est malheureux.
Vous l'avez vu naguère au bord de vos fontaines,
Qui, sans craindre du sort les faveurs incertaines,
Plein d'éclat, plein de gloire, adoré des mortels,
Recevoit des honneurs qu'on ne doit qu'aux autels.
Hélas ! qu'il est déchu de ce bonheur suprême !
Que vous le trouveriez différent de lui-même !
Pour lui les plus beaux jours sont de secondes nuits ;
Les soucis dévorants, les regrets, les ennuis,
Hôtes infortunés de sa triste demeure,
En des gouffres de maux le plongent à toute heure.
Voilà le précipice où l'ont enfin jeté
Les attraits enchanteurs de la prospérité !
Dans les palais des rois cette plainte est commune ;
On n'y connoît que trop les jeux de la Fortune,
Ses trompeuses faveurs, ses appas inconstants ;
Mais on ne les connoît que quand il n'est plus temps.
Lorsque sur cette mer on vogue à pleines voiles,
Qu'on croit avoir pour soi les vents et les étoiles,
Il est bien malaisé de régler ses désirs ;
Le plus sage s'endort sur la foi des zéphyrs.
Jamais un favori ne borne sa carrière ;
Il ne regarde point ce qu'il laisse en arrière ;
Et tout ce vain amour des grandeurs et du bruit
Ne le sauroit quitter qu'après l'avoir détruit.
Tant d'exemples fameux que l'histoire en raconte
Ne suffisoient-ils pas sans la perte d'Oronte ?
Ah ! si ce faux éclat n'eût point fait ses plaisirs,
Si le séjour de Vaux eût borné ses désirs,
Qu'il pouvoit doucement laisser couler son âge !
Vous n'avez pas chez vous ce brillant équipage,
Cette foule de gens qui s'en vont chaque jour
Saluer à longs flots le soleil de la Cour ;
Mais la faveur du ciel vous donne en récompense
Du repos, du loisir, de l'ombre et du silence,
Un tranquille sommeil, d'innocents entretiens,

Et jamais à la Cour on ne trouve ces biens.
Mais quittons ces pensers, Oronte nous appelle.
Vous dont il a rendu la demeure si belle,
Nymphes, qui lui devez vos plus charmants appas,
Si le long de vos bords Louis porte ses pas,
Tâchez de l'adoucir, fléchissez son courage ;
Il aime ses sujets, il est juste, il est sage ;
Du titre de clément rendez-le ambitieux :
C'est par là que les rois sont semblables aux dieux.
Du magnanime Henri qu'il contemple la vie :
Dès qu'il put se venger, il en perdit l'envie :
Inspirez à Louis cette même douceur ;
La plus belle victoire est de vaincre son cœur.
Oronte est à présent un objet de clémence ;
S'il a cru les conseils d'une aveugle puissance,
Il est assez puni par son sort rigoureux,
Et c'est être innocent que d'être malheureux.

LE SONGE DE VAUX

Sous les lambris moussus de ce sombre palais,
Écho ne répond point et semble être assoupie :
La molle Oisiveté, sur le seuil accroupie,
N'en bouge nuit et jour, et fait qu'aux environs
Jamais le chant des coqs ni le bruit des clairons
Ne viennent au travail inviter la Nature ;
Un ruisseau coule auprès et forme un doux murmure.
Les simples dédiés au dieu de ce séjour
Sont les seules moissons qu'on cultive alentour :
De leurs fleurs en tout temps sa demeure est semée.
Il a presque toujours la paupière fermée.
Je le trouvai dormant sur un lit de pavots :
Les Songes l'entouroient sans troubler son repos :
De fantômes divers une cour mensongère,
Vains et frêles enfants d'une valeur légère,
Troupe qui sait charmer le plus profond ennui,
Prête aux ordres du dieu, voloit autour de lui.
Là, cent figures d'air en leurs moules gardées
Là, des biens et des maux les légères idées ;
Prévenant nos destins, trompant notre désir,
Formoient des magasins de peine ou de plaisir.
Je regardois sortir et rentrer ces merveilles :
Telles vont au butin les nombreuses abeilles ;
Et tel, dans un état de fourmis composé,
Le peuple rentre et sort en cent parts divisé.

Confus, je m'écriai : « Toi que chacun réclame,
Sommeil, je ne viens pas t'implorer dans ma flamme ;
Conte à d'autres que moi ces mensonges charmants
Dont tu flattes les vœux des crédules amants ;
Les merveilles de Vaux me tiendront lieu d'Aminte :
Fais que par ces démons leur beauté me soit peinte.
Tu sais que j'ai toujours honoré tes autels ;
Je t'offre plus d'encens que pas un des mortels :
Doux Sommeil, rends-toi donc à ma juste prière. »
À ces mots, je lui vis entr'ouvrir la paupière ;
Et, refermant les yeux presque au même moment :
« Contentez ce mortel », dit-il languissamment.
Tout ce peuple obéit sans tarder davantage :
Des merveilles de Vaux ils m'offrirent l'image ;
Comme marbres taillés leur troupe s'entassa ;
En colonne aussitôt celui-ci se plaça ;
Celui-là, chapiteau, vint s'offrir à ma vue ;
L'un se fit piédestal, l'autre se fit statue :
Artisans qui peu chers, mais qui prompts et subtils,
N'ont besoin pour bâtir de marbre ni d'outils,
Font croître en un moment des fleurs et des ombrages,
Et, sans l'aide du temps, composent leurs ouvrages.

LA TENTATION LITTÉRAIRE

MESDAMES, MESDEMOISELLES,
MESSIEURS,

Il est un chemin pathétique entre tous, c'est celui qui mène un écrivain à son chef-d'œuvre. Entre tous les rendez-vous qui se donnent entre les êtres, les plantes, ou les lumières dont la combinaison entretient le monde, le rendez-vous le plus noble, et d'ailleurs le plus incertain, le plus menacé, est celui que se donnent, à travers le silence et l'ignorance mutuelle, le poète et une ombre dont il ne connaît pas lui-même le visage. Au départ, le poète ne sait même pas quelle figure va l'accueillir, dans cette confrontation dont il est obligé de chercher la date chaque jour et la place en tous lieux. Il ne sait même pas si c'est un homme ou si c'est une femme qui va l'accueillir. L'inspiration est la recherche obscure de ce sexe, la détermination de la nature de cette amitié, ou quelquefois de cette passion, qui vont lier créateur et créature créée. Eux-mêmes sont quelquefois surpris de la rencontre. Tous n'ont pas, au départ, cette partialité qui a amené infailliblement Corneille vers des hommes et Racine vers des femmes. Quand Marcel Proust, au premier rendez-vous avec les personnages d'une œuvre qui contiendra toute la tendresse de notre époque, voit apparaître, bien loin devant les autres, accouru le premier à l'appel avec tant d'avance qu'il semble devoir être le seul, se hâtant pour représenter l'amour, la jalousie, la passion mortelle et le roman, ce petit vieux bien calme, bien discret, peu bavard et un peu pommadé qu'est M. Swann ; quand Maurice Barrès, à l'aube d'une carrière qu'il veut masculine, dont il fera une lutte militaire, politique, et se rendant à Aigues-Mortes, pour son premier contact avec des héros volontaires et conscients, ne voit apparaître et circuler sur les remparts de Saint-Louis et des Croisés qu'une jeune et futile personne, tous deux ont pu être désorientés, et ce n'est qu'après un premier et long dialogue qu'ils comprennent : l'un, que, sur la barbe bien calamistrée de M. Swann, c'est le vent même de l'amour qui souffle, et l'autre, que, sur les bras pâlis par la mort de Petite-Secousse, c'est celui de l'ambition. Et heureux encore ceux pour qui tiennent ces rendez-vous. Certes, il en est qui ont des rendez-vous à toutes les heures, à tous les endroits ; d'autres auxquels suffit pour la vie une seule rencontre, comme Benjamin Constant et *Adolphe,* comme l'abbé Prévost et *Manon.* Mais, parfois, que de démarches et de contremarches vaines ! Combien d'écrivains, à travers leur vie entière, et en le cherchant dans la ville, et dans la campagne, et dans la peine ou la misère, et dans le soleil, n'ont pu arriver à découvrir l'endroit du rendez-vous ! Vous vous rappelez cette légende de l'Opéra, où deux personnes, qui sont frappées d'un coup de foudre réciproque, se donnent rendez-vous à un bal masqué, sous l'horloge, à minuit ? À l'heure dite, ils sont là, et minuit sonne, et ils enlèvent leur masque, mais, dit la légende, ce n'était, hélas ! ni l'un ni l'autre. C'est l'histoire de la plupart des écrivains. Face à face avec ce qu'ils croient leur chef-d'œuvre, ils ne sont plus là, et leur chef-d'œuvre n'y est pas non plus. Ils ne sont là tous deux que lorsque chacun d'eux se croit devant un miroir, que lorsqu'ils se ressemblent à s'y méprendre, que lorsque Racine est soudain le portrait de Phèdre, Proust le portrait d'Albertine. Ils ne peuvent s'épouser que dans la ressemblance et l'identité absolues. Et il ne s'agit pas seulement de la poursuite du personnage, du héros qui aura un nom et incarnera l'auteur. Rendez-vous est pris aussi avec tout ce qui fait un chef-d'œuvre : son style, son atmosphère, sa langue. Le grand rendez-vous est précédé de mille petits rendez-vous avec certains mots, certaines inflexions, certaines lueurs et certaines odeurs qui jalonnent la vraie route. C'est par des mots qui luisent, par des expressions qui s'allument, que Racine est mené de façon si sûre à Bérénice, Shakespeare à Cressida. Et rendez-vous est pris aussi avec les formes où s'exprimera l'œuvre, avec ces genres que sont la tragédie, la comédie, le roman. Quand les Grecs leur donnaient le nom des Muses, quand ils représentaient des formes littéraires, que ce fût l'Histoire, la Poésie légère ou la Satire, sous la forme d'humaines vivantes, c'est qu'ils savaient bien qu'il s'agit là de véritables rendez-vous et de véritables accords.

Je pense que vous ne me saurez pas mauvais gré aujourd'hui, maintenant que nous connaissons les trois anges gardiens de La Fontaine : la distraction, le sommeil, l'inconséquence, de vous montrer comment il a acompli ce chemin vers sa véritable œuvre, comment, entre toutes ces Muses fières, il a choisi la plus insignifiante, celle qu'on ne loge pas d'habitude dans leur maison, celle dont Boileau, ami pourtant de La Fontaine, ne parle pas dans son *Art poétique*, la Fable, et comment, malgré cette existence divagante qui a toujours été la sienne, par une route dont nous verrons le jalonnement incertain, nous le trouverons fidèle au rendez-vous pris avec la première de ses héroïnes, avec la fourmi.

On ne saurait imaginer de plus grande distance entre un poète et son chef-d'œuvre, que celle qui séparait à son arrivée à Paris, ou sur le Parnasse, comme il disait, La Fontaine de ses fables. De tous les personnages en quête d'auteur réunis pour l'accueillir, aucun n'avait la moindre attache avec ce genre terne et désuet, et secondaire. Tous les personnages grecs et romains étaient là. Tous les personnages de la Renaissance italienne. Tous les personnages bibliques. Tous les personnages espagnols. Tous se pressaient aux portes de Vaux comme bientôt aux portes de Versailles, au-devant des premiers auteurs qui allaient vers eux : Molière, Racine, Pradon, comme aux Enfers la foule de ces ombres qui accueille Ulysse et réclame à boire un peu de son sang. Le moment est pathétique ; tous les débuts de grande civilisation sont marqués par cette foire de héros et d'héroïnes, cette loue, avec un peu de laurier au chapeau, de grandes figures non précisées, qui se ruent du néant vers le jour. Tout grand régime a pour première cour invisible tous les futurs grands personnages de toutes les littératures. Que ce soient les débuts d'Élisabeth ou de Louis XIV, on sent que ces débuts sont grands, moins par leur floraison soudaine de grands administrateurs, de grands capitaines, de grands poètes, que par cet empressement de la vie occulte et ce pullulement des grands hommes inexistants. Il est hors de doute qu'à son arrivée La Fontaine a été effleuré par un Misanthrope inconsistant, par une Phèdre vaine, par une Esther brumeuse, par une Peau d'Âne encore sans peau de femme, par un Tartuffe encore sincère. Il est hors de doute aussi que, comme dans la vie courante, dans le monde de l'inexistence comme dans le monde, les femmes encore inexistantes lui ont fait plus d'avances en égalité et en amitié que les hommes inexistants. Ces vampires qui réclamaient un verre de sang de La Fontaine avaient des chances incomparablement plus grandes de l'obtenir en se couvrant de robes qu'en s'affublant de pourpoints. Que l'élégant La Fontaine se soit tourné d'abord vers les héros élégants, que le courtisan désireux de succès ait préféré à des compagnies plus sérieuses la liaison avec une série de courtisanes divines ou terrestres d'où devaient ressortir en toute évidence sa qualité et son mérite, qu'il ait pris pour héros ou héroïnes ceux ou celles qui pourraient lui faire honneur à Vaux, le rendre célèbre à Paris, l'introduire à Versailles, rien de plus logique et de plus naturel. Ceux ou celles aussi qui pouvaient l'introduire dignement dans le Versailles des poètes : dans le Parnasse, et près d'Apollon lui-même. La dignité des grands régimes vient de ce qu'ils élèvent aussi la dignité des royaumes idéaux, et la cour d'Apollon comme celle de Vénus, d'ailleurs, quelque peu ternies sous Henri IV ou Louis XIII, commençaient à resplendir de toute la grandeur de Louis XIV.

Vous pensez bien que La Fontaine succombe aussitôt à cette tentation du beau, du noble et de l'élégant. Son premier essai poétique est justement la description du Parnasse même, de la cour d'Apollon lui-même, où le maître des poètes, entouré des neuf Muses sans exception, oblige chacune à faire l'éloge de Clymène, l'amie de La Fontaine, qui, grâce à des circonstances qui tiennent du prodige et dont il tient à remercier les dieux, vient d'arriver à voir son pied nu. Voilà déjà les neuf Muses de première classe familières avec La Fontaine, écoutant ses aventures. Il en est tout heureux. Cette assemblée de femmes belles et court-vêtues autour du couple qu'il forme avec Clymène, c'est exactement comme cela que La Fontaine, à cette époque, se représente la vie. Peu lui importe, s'il a le plus modeste rang, le second dans ce royaume, de ne plus être le premier à Château-Thierry.

Mais, à la cour d'Apollon comme à celle de Fouquet ou du roi, il y a un protocole, et ce protocole est sévère. Le succès dans la première y est sanctionné par la gloire, et la gloire est réservée aux grands genres : La Fontaine se précipite vers eux ; tout l'y pousse. Dans la seconde, par l'Académie. On sait très bien ce que La Fontaine a pensé de la gloire, il était modeste. On sait très bien aussi ce qu'il pensait de l'Académie. Dans ses débuts, il pensait que c'était un cercle où il n'avait aucune chance de pénétrer, à cause de son indignité et, dans la suite, à cause de la haine que lui avait vouée le secrétaire perpétuel, M. Rose. M. Rose terrorisait l'Académie. Il n'avait comme bagage littéraire qu'une contrefaçon latine de la chanson de Sganarelle dans *Le Médecin malgré lui,* mais il avait la plume du roi, c'est-à-dire que, comme principal secrétaire de Louis XIV, il devait contrefaire son écriture et écrire les lettres que le roi voulait prétendre écrites de sa main. Les principaux autographes de Louis XIV sont de M. Rose. Mais, sans prétendre à réduire M. Rose, et sans prétendre à être le premier dans cette académie d'Apollon dont la signature était confiée à un secrétaire plus recommandable que M. Rose, à Boileau, il était tout naturel que La Fontaine fût dirigé sur les genres à la mode. D'abord, parce qu'ils sont à la mode, par le souci qu'il a de plaire, par la commande même. Ensuite, par cette émulation naturelle dans une génération d'écrivains. Enfin, par cette impuissance qu'avaient ses conseillers ou ses amis à imaginer que la poésie ne fût pas aussi grandiloquente que le régime.

Par quelle Muse commencer ? La Fontaine est encore quelque peu provincial. Il croit l'ode de Malherbe à la mode, alors qu'elle a fortement vieilli. Il sait aussi que l'ode est la meilleure façon, pour celui qui désire une pension, de se faire entendre par un protecteur. Ignorant que le genre héroïque ne va donner dans ce siècle que *La Pucelle* de Chapelain ou des odes insipides de Boileau, « Précipitons-nous, dit-il quelque part, dans le genre héroïque ».

Toute ma vie, écrit-il dans une préface, *je m'étais exercé dans ce genre de poésie que l'on nomme héroïque ; c'est assurément le plus beau de tous, le plus fleuri, le plus susceptible d'ornements, et de ces figures nobles et hardies qui font une langue assez charmante pour qu'on l'appelle la langue des Dieux.*

Phrase qui devait valoir d'ailleurs, aux héritiers de La Fontaine, aux braves cousins Pintrel, quelque désagrément, car un éditeur de 1785, décidant qu'il y avait là une faute d'impression, remplaça le mot *héroïque* par le mot *érotique*. Il finit même par convaincre de son bon droit les Pintrel. Il n'y avait pas faute d'impression, mais, de la part de La Fontaine, faute épouvantable d'expression. Le poème héroïque lui a toujours tenu à cœur pour deux raisons : parce qu'il le maintenait dans cette atmosphère idéale héroïque qui était pour lui la poésie, et parce qu'il lui faisait connaître ceux de ses contemporains qui, comme Turenne, comme Condé, ou comme Louis XIV lui-même, étaient les héros délégués dans ce siècle. J'ai eu l'occasion de vous lire quelques vers des odes de La Fontaine. Cela vous a suffi à les juger. Je voudrais seulement vous parler d'une ode, qu'il aurait pourtant dû réussir, l'ode qu'il a composée en l'honneur de ce qu'il devait aimer le plus au monde, de ce qui crée et de ce que supposent ses goûts et ses penchants, sommeil, solitude et repos : l'ode en l'honneur de la paix. Il devait la trouver bienvenue plus que tout autre au monde, car il habitait Château-Thierry, où défilaient sans cesse les armées en combat : celles de Lorraine, qui prenaient d'assaut la ville et la pillaient en ennemis, ou celles des Français, qui la pillaient en amis, c'est-à-dire pas avec beaucoup moins de réserve. À ce concours des hymnes en faveur de la paix, qu'a établi depuis officiellement la Société des Nations, mais qui, depuis Hésiode, se livre couramment à chaque fin de guerre (jamais au milieu) entre les poètes, voici la contribution de notre plus grand poète pacifique, et c'est même (1659) son début dans la poésie.

ODE POUR LA PAIX

Ô Paix, Infante des cieux,
Toi que tout heur accompagne,
Viens vite embellir ces lieux
Avec l'Infante d'Espagne.

Chasse des soldats gloutons
La troupe fière et hagarde,
Qui mange tous mes moutons,
Et bat celui qui les garde.

Délivre ce beau séjour
De leur brutale furie
Et ne permets qu'à l'Amour
D'entrer dans la bergerie.

Et, comme les échos de l'autre mercredi, à cette berquinade répond dans notre mémoire l'*Ode à la Paix*, par laquelle, cent ans plus tôt, en 1550, Ronsard faisait aussi ses débuts de poète :

Ô Paix heureuse,
Tu es la garde vigoureuse
Des peuples et de leurs cités :
Des royaumes la clef tu portes,
Tu ouvres des villes les portes,
Serenant leurs adversités...

C'est toi qui, dessus ton échine,
Soutiens ferme cette machine,
Médecinant chaque élément
Quand une humeur par trop abonde,
Pour joindre les membres du monde
D'un contrepoids également.

Je te salue, heureuse Paix,
Je te salue et resalue !
Toi seule, déesse, tu fais
Que la vie soit mieux voulue.
Ainsi que les champs tapissés
De pampre ou d'espics hérissés

Désirent les filles des nues
Après les chaleurs survenues,

Ainsi la France t'attendait,
Douce nourricière des hommes,
Douce rosée qui consommes
La chaleur qui trop nous ardait.

Après l'ode, tentation dénuée de charme, La Fontaine ne pouvait manquer de subir un attrait autrement dangereux : celui du théâtre.

Dans le théâtre se retrouve cette dualité qui était à l'origine de ses goûts. D'un côté, cette série de personnages irréels, détenteurs de toutes ces noblesses et délicatesses idéales, et, de l'autre, ces charmantes petites gens que sont les acteurs et actrices, les créatures étonnamment vivantes, faciles, divertissantes par un jeu humain assez animal, dont il ne pourrait point se passer davantage. Ne trouvons donc pas étonnant que, dans la cohorte des héros à embaucher, La Fontaine fasse, de ce moment, signe avec prédilection à ceux qui sauraient se bien comporter sur la scène. Il fait signe à Achille et commence, sur sa colère contre les Grecs, une tragédie où il fait aussi un signe à la charmante Briséis, la captive amoureuse du héros. Il fait signe à l'Eunuque sans oublier de le doubler d'un jeune amoureux qu'il appelle Phédrie – le nom de Phèdre l'a effleuré dans ces tâtonnements et il l'a donné à un homme – et d'une jeune femme nommée Thaïs, dont la vraie naissance littéraire ne devait avoir lieu que bien plus tard.

J'insiste sur ces noms, car il est à noter que, parmi les grands noms antiques ou bibliques, certains sont choisis par les grands auteurs et voués à tous les succès, et d'autres à un mauvais destin. Pourquoi les grands auteurs s'attaquent-ils à Iphigénie, qu'ils s'appellent Racine ou Goethe ? Pourquoi, au contraire, tout un peuple de personnes aussi charmantes et de héros aussi authentiques : Galatée, Daphné, Achille, n'ont-ils jamais pu jusqu'ici, bien qu'ayant inspiré plus de pièces encore que les autres, arriver à se réaliser poétiquement ? Peut-être y a-t-il dans les uns une essence pathétique qui nous échappe à première vue et qui n'est perceptible qu'au génie. Le génie, même en littérature, reste le grand prospecteur. La Fontaine est un mauvais prospecteur. Jamais il ne montra cette affinité avec la fable, je parle de la fable mythologique, qui lui eût permis de voir qu'il y avait beaucoup à faire avec Andromaque et rien avec Momus, beaucoup avec Mithridate et rien avec Amphryse ou avec Polyphème. Il n'a au théâtre que des déconvenues.

Les comédiens, dit un contemporain, *ne s'avisent jamais de donner une seconde représentation d'une pièce de M. de La Fontaine, de peur d'être lapidés.*

Et lui-même ne s'y amuse pas davantage. On raconte que La Fontaine s'ennuya tellement, au premier acte de son *Astrée,* qu'il s'en alla au café de Marion, où il s'endormit, et, comme un ami le réveillait, lui demandant où en était la pièce :

– Vous voyez, dit-il en bâillant, j'en reviens.

Cependant, par une contradiction d'ailleurs explicable, chaque fois que paraissait un recueil de fables et qu'il avait un nouveau grand succès, son entourage le forçait à retourner au théâtre, et il y retournait comme un possédé, et il y recevait de nouveau un accueil lamentable (avec toute l'escorte de ces personnages nobles auxquels il ne pouvait trouver d'autre utilisation, avec Galatée, avec Amadis, avec Astrée). Il n'eut de succès qu'une fois, tout au début d'une représentation, avec les six vers d'une chanson que chantait le berger Timandre au lever du rideau. Voici les vers qui donnèrent à La Fontaine sa seule ivresse d'auteur dramatique :

Brillantes fleurs, naissez ;
Herbe tendre, croissez
Le long de ces rivages ;
Venez, petits oiseaux,
Accorder vos ramages
Au doux bruit de leurs eaux.

Toute l'assistance se leva pour acclamer Timandre, répéta en chœur le refrain, mais ce fut tout. Ce n'est pas que la pièce ne fût parsemée d'agréments. On y trouvait à chaque scène des couplets de ce genre :

Les coquettes les plus belles
Ne touchent que faiblement.
On peut par amusement
Feindre de brûler pour elles ;
Et le plus crédule amant
Les regarde seulement
Comme on fait les fleurs nouvelles :
Avec quelque plaisir, mais sans attachement.

Peine perdue. Les six premiers vers de la pièce seuls eurent du succès. Vous savez que nos directeurs de théâtre ont toujours peur d'un premier acte acclamé. Le trop grand succès d'un premier acte déséquilibre le public, ou la pièce, et est d'un mauvais présage. Ici, la pièce fut déséquilibrée par le triomphe des six premiers vers ; à partir du septième, cela n'alla plus, et c'est la désolation et la froideur la plus complète qui régnaient dans la salle au moment où le chœur prononça les deux derniers vers :

Versons dans tous les cœurs une joie éclatante.
Qu'en ces lieux tout rie et tout chante.

Vers la fin de sa vie, La Fontaine, trouvant que, décidément, il choisissait mal ses héros, se décida à choisir mieux ses actrices. Et, en effet, il s'en trouva bien. La jeune Raisin et la toujours jeune Champmeslé lui valurent vingt représentations pour deux actes restés depuis au répertoire : *Le Florentin* et *La Coupe enchantée.* Il eut aussi un dernier succès : *Le Veau perdu.* Mais on ne sait quel était ce veau, car, depuis, il a été effectivement perdu, comme l'indique son titre, et jamais le manuscrit n'en a été retrouvé.

La rencontre de La Fontaine avec l'opéra dépasse en contradiction et en insuccès tout ce que nous a valu déjà son voyage au pays des grands genres. Inutile de vous dire qu'elle ne nous a valu aucun bon opéra de La Fontaine. Elle nous a valu des épîtres charmantes sur ses déconvenues et sa collaboration avec Jean-Baptiste Lulli, qui avait écrit la musique. Elle nous a valu de savoir ce que La Fontaine pensait de la musique, mais elle nous démontre surtout, une fois encore, combien l'inconséquence est la nature du poète.

Voici l'exemple le plus parfait de sa fermeté de vues. Tout lui défend l'opéra. Il a tenu à le préciser dans son épître à M. de Niert, qui est son art poétique.

Primo, il aime les genres séparés :

Le bon comédien ne doit jamais chanter,
Le ballet fut toujours une action muette ;
La voix veut le téorbe, et non pas la trompette ;
Et la viole, propre aux plus tendres amours,
N'a jamais jusqu'ici pu se joindre aux tambours.

Secundo, il déteste la machinerie :

De machines d'abord le surprenant spectacle
Éblouit le bourgeois et fit crier miracle ;
Mais la seconde fois il ne s'y pressa plus ;
Il aima mieux Le Cid, Horace, Héraclius.
Aussi de ces objets l'âme n'est point émue,
Et même rarement ils contentent la vue.
Quand j'entends le sifflet, je ne trouve jamais

Le changement si prompt que je me le promets.
Souvent au plus beau char le contrepoids résiste ;
Un dieu pend à la corde et crie au machiniste.
Un reste de forêt demeure dans la mer
Ou la moitié du ciel au milieu de l'enfer.

Tertio, il n'aime que la musique de chambre, dont M. de Niert avait été le grand maître en France. Il s'attaque donc à la mode des grands orchestres :

Il faut vingt clavecins, cent violons, pour plaire.
On ne va plus chercher au fond de quelques bois
Des amoureux bergers la flûte et le hautbois.
Le téorbe charmant, qu'on ne voulait entendre
Que dans une ruelle avec une voix tendre,
Pour suivre et soutenir par des accords touchants
De quelques airs choisis les mélodieux chants...
Tout cela seul déplaît...

Et il termine, parlant de Mlle Certain, la jeune claveciniste :

De cette aimable enfant le clavecin unique
*Me touche plus qu'*Isis *et toute sa musique :*
Je ne veux rien de plus, je ne veux rien de mieux
Pour contenter l'esprit, et l'oreille, et les yeux.

La conclusion d'animosités si vives est donc qu'on ne saurait avoir trop de mépris pour le genre qui réunit à la fois la comédie, le chant, le ballet et la machinerie ; pour le genre à la mode, pour l'opéra. Arrivé à ce point de sa démonstration, son irritation est si grande que son épître devient presque une satire de Boileau.

Que l'on n'y trouve point de machines nouvelles,
Que les vers soient mauvais, que les voix soient cruelles,
De Baptiste épuisé les compositions
Ne sont, si vous voulez, que répétitions.
Le Français, pour lui seul contraignant sa nature,
N'a que pour l'opéra de passion qui dure.
Les jours de l'opéra, de l'un à l'autre bout,
Saint-Honoré, rempli de carrosses partout,
Voit, malgré la misère à tous états commune,
Que l'opéra tout seul fait leur bonne fortune.
Il a l'or de l'abbé, du brave, du commis ;
La coquette s'y fait mener par ses amis.
L'officier, le marchand, tout son rôti retranche,

Pour y pouvoir porter tout son gain le dimanche ;
On ne va plus au bal, on ne va plus au Cours :
Hiver, été, printemps, bref, opéra toujours...

Et l'on ne saurait trop avoir de mépris pour le musicien qui désorganise ainsi le théâtre, pour cet infâme Lulli qui, d'accord avec Quinault et malgré ses mœurs infâmes, malgré son avarice et sa fourbe, écume ainsi Paris à son profit.

Quel est le résultat de cette indignation, la seule que La Fontaine ait exprimée nettement dans sa vie ? Il est tout à fait conforme au caractère du poète. L'épître est de 1677. Dès 1678, La Fontaine fait un opéra et collabore avec Lulli. Ce qui s'ensuivit était facile à prévoir : quatre mois d'enfer pour La Fontaine, sans compter une brouille qui nous a valu, du moins, un portrait féroce, mais charmant, du grand musicien, et, d'ailleurs, de toutes les collaborations entre librettistes, paroliers et musiciens. Écoutez ce portrait flatteur de Lulli essayant de séduire le Champenois :

J'en étais averti ; l'on me dit : « Prenez garde ;
Quiconque s'associe avec lui se hasarde :
Vous ne connaissez pas encor le Florentin ;
C'est un paillard, c'est un mâtin
Qui tout dévore,
Happe tout, serre tout : il a triple gosier.
Donnez-lui, fourrez-lui, le glout demande encore :
Le roi même aurait peine à le rassasier. »
Malgré tous ces avis, il me fit travailler.
Le paillard s'en vint réveiller
Un enfant des neuf sœurs ; enfant à barbe grise,
Qui ne devait en nulle guise
Être dupe : il le fut, et le sera toujours,
Je me sens né pour être en butte aux méchants tours ;
Vienne encore un trompeur, je ne tarderai guère.

Celui-ci me dit : « Veux-tu faire
Presto, presto, quelque opéra,
Mais bon ? Ta muse répondra
Du succès par-devant notaire.
Voici comment il nous faudra
Partager le gain de l'affaire :
Nous en ferons deux lots, l'argent et les chansons.
L'argent pour moi ; pour toi, les sons :
Tu t'entendras chanter, je prendrai les testons.
Volontiers, je paie en gambades,

J'ai huit ou dix trivelinades
Que je sais sur mon doigt ; cela joint à l'honneur
De travailler pour moi, te voilà grand seigneur. »
Peut-être n'est-ce pas tout à fait sa harangue ;
Mais, s'il n'eut ces mots sur la langue,
Il les eut dans le cœur. Il me persuada ;
À tort, à droit me demanda
Du doux, du tendre, et semblables sornettes,
Petits mots, jargons d'amourettes
Confits au miel ; bref, il m'enquinauda.
Je n'épargnai ni soins ni peines
Pour venir à son but et pour le contenter :
Mes amis devaient m'assister ;
J'eusse, en cas de besoin, disposé de leurs veines.

Je ne serais pas fidèle à la vérité, et La Fontaine moins fidèle encore à la sienne, si je ne vous disais que notre poète se réconciliera avec Lulli et recomposera un autre opéra avec un musicien nommé Colasse, dont l'honnête caractère et la dignité de mœurs ne suffirent pas à empêcher la chute de la pièce. Abrégeons. Passons sur la tentation du poème religieux, du poème didactique, et la tentation médiocrement voluptueuse de la Muse du quinquina. Il me semble, maintenant, que vous voyez vraiment bien nettement le départ de l'un des deux personnages vers le rendez-vous sous l'horloge : le petit bourgeois immoral, le courtisan empressé, l'admirateur des grands succès, des femmes élégantes et des grands genres, le serviteur obséquieux d'un régime d'autorité et de maîtres susceptibles, le poète nonchalant, négligent, amoureux de la paresse, du sommeil, de la nature. Que va-t-il retrouver ? Aucun contemporain de La Fontaine n'eût pu croire que ce rendez-vous ne dût le conduire là où le conduisaient naturellement ses pas dans la vie : vers la Muse la plus facile, la plus coquette et la plus mondaine. Nous savons, nous, aujourd'hui, que c'est vers la fable, vers ce genre rêche, grognon et dur qu'est la fable, vers la dernière Muse que les autres emploient à laver la vaisselle des cœurs, à faire le ménage des morales, et qui reste, pendant que les autres chantent ou vont au bal, à monologuer ou à dire des proverbes ennuyeux.

Voici le sujet même de notre causerie : trouver comment il était réservé à La Fontaine d'introduire dans l'histoire des genres littéraires l'histoire de Cendrillon.

Mais, selon notre habitude, et dans cet entracte que veut bien chaque mercredi nous fournir La Fontaine, écoutons d'abord avec quelle inconséquence et quel charme, prenant parti contre

Perrault dans la querelle des anciens et des modernes, il fait au seuil de sa vieillesse l'éloge de ces grands genres qui l'ont trahi :

ÉPÎTRE XX

A MONSEIGNEUR L'ÉVÊQUE DE SOISSONS

EN LUI DONNANT UN QUINTILIEN DE LA TRADUCTION D'ORAZIO TOSCANELLA

1687

Je vous fais un présent capable de me nuire.
Chez vous, Quintilien s'en va tous nous détruire :
Car enfin qui le suit ? Qui de nous aujourd'hui
S'égale aux anciens tant estimés chez lui ?
Tel est mon sentiment, tel doit être le vôtre.
Mais si notre suffrage en entraîne quelque autre,
Il ne fait pas la foule ; et je vois des auteurs
Qui, plus savants que moi, sont moins admirateurs.
Si nous les en croyons, on ne peut, sans faiblesse,
Rendre hommage aux esprits de Rome et de la Grèce.
« Craindre ces écrivains ! on écrit tant chez nous !
La France excelle aux arts, ils y fleurissent tous ;
Notre prince avec art nous conduit aux alarmes ;
Et sans art nous louerions le succès de ses armes !
Dieu désapprendrait-il à former des talents ?
Les Romains et les Grecs sont-ils seuls excellents ? »
Ces discours sont fort beaux, mais fort souvent frivoles.
Je ne vois point l'effet répondre à ces paroles ;
Et, faute d'admirer les Grecs et les Romains,
On s'égare en voulant tenir d'autres chemins.

Quelques imitateurs, sot bétail, je l'avoue,
Suivent en vrais moutons le pasteur de Mantoue :
J'en use d'autre sorte ; et, me laissant guider,
Souvent à marcher seul j'ose me hasarder.
On me verra toujours pratiquer cet usage.
Mon imitation n'est point un esclavage :
Je ne prends que l'idée, et les tours, et les lois
Que nos maîtres suivaient eux-mêmes autrefois.
Si d'ailleurs quelque endroit plein chez eux d'excellence
Peut entrer dans mes vers sans nulle violence,
Je l'y transporte, et veux qu'il n'ait rien d'affecté,
Tâchant de rendre mien cet air d'antiquité.
Je vois avec douleur ces routes méprisées :

Art et guides, tout est dans les Champs Élysées.
J'ai beau les évoquer, j'ai beau vanter leurs traits.
On me laisse tout seul admirer leurs attraits.
Térence est dans mes mains, je m'instruis dans Horace ;
Homère et son rival sont mes dieux du Parnasse.
Je le dis aux rochers ; on veut d'autres discours :
Ne pas louer son siècle est parler à des sourds.
Je le loue, et je sais qu'il n'est pas sans mérite ;
Mais, près de ces grands noms, notre gloire est petite :
Tel de nous, dépourvu de leur solidité,
N'a qu'un peu d'agrément, sans nul fonds de beauté.
Je ne nomme personne : on peut tous nous connaître.
Je pris certain auteur[1] *autrefois pour mon maître ;*
Il pensa me gâter. À la fin, grâce aux Cieux,
Horace, par bonheur, me dessilla les yeux.
L'auteur avait du bon, du meilleur ; et la France
Estimait dans ses vers le tour et la cadence.
Qui ne les eût prisés ? J'en demeurai ravi :
Mais ses traits ont perdu quiconque l'a suivi.
Son trop d'esprit s'épand en trop de belles choses :
Tous métaux y sont or, toutes fleurs y sont roses.
On me dit là-dessus : « De quoi vous plaignez-vous ? »
De quoi ? Voilà mes gens aussitôt en courroux ;
Ils se moquent de moi, qui, plein de ma lecture,
Vas partout prêchant l'art de la simple nature.
Ennemi de ma gloire et de mon propre bien,
Malheureux je m'attache à ce goût ancien.
« Qu'a-t-il sur nous, dit-on, soit en vers, soit en prose ?
L'antiquité des noms ne fait rien à la chose,
L'autorité non plus, ni tout Quintilien. »
Confus à ces propos, j'écoute, et ne dis rien.
J'avouerai cependant qu'entre ceux qui les tiennent
J'en vois dont les écrits sont beaux et se soutiennent :
Je les prise et prétends qu'ils me laissent aussi
Révérer les héros du livre que voici.
Recevez leur tribut des mains de Toscanelle.
Ne vous étonnez pas qu'il donne pour modèle
À des ultramontains un auteur sans brillants.
Tout peuple peut avoir du goût et du bon sens,
Ils sont de tous pays ; du fond de l'Amérique :
Qu'on y mène un rhéteur habile et bon critique,

1. Voiture, pour lequel La Fontaine eut dans sa jeunesse une admiration presque exclusive.

Il fera des savants. Hélas ! qui sait encor
Si la science à l'homme est un si grand trésor ?
Je chéris l'Arioste, et j'estime le Tasse ;
Plein de Machiavel, entêté de Boccace,
J'en parle si souvent qu'on en est étourdi.
J'en lis qui sont du Nord, et qui sont du Midi.
Non qu'il ne faille un choix dans leurs plus beaux ouvrages.
Quand notre siècle auroit ses savants et ses sages,
En trouverai-je un seul approchant de Platon ?
La Grèce en fourmillait dans son moindre canton.
La France a la satire et le double théâtre,
Des bergères d'Urfé chacun est idolâtre :
On nous promet l'histoire et c'est un haut projet.
J'attends beaucoup de l'art, beaucoup plus du sujet :
Il est riche, il est vaste, il est plein de noblesse ;
Il me ferait trembler pour Rome et pour la Grèce.
Quant aux autres talents, l'ode, qui baisse un peu,
Veut de la patience ; et nos gens ont du feu.
Malherbe avec Racan, parmi les chœurs des anges,
Là-haut de l'Éternel célébrant les louanges,
Ont emporté leur lyre ; et j'espère qu'un jour
J'entendrai leur concert au céleste séjour.
Digne et savant prélat, vos soins et vos lumières
Me feront renoncer à mes erreurs premières ;
Comme vous je dirai l'auteur de l'univers.
Cependant agréez mon rhéteur et mes vers.

Qu'est-ce, au juste, que la fable de La Fontaine ?

Pour tous ceux qui ont écrit des fables avant lui, l'essentiel de la fable est sa moralité. Elle est le code en vers de la morale humaine, à l'usage des enfants. De tout temps, les petits écoliers ont récité ces leçons de bon sens, de piété, de respect humain, de charité bien appliquée sous la forme de petits poèmes en vers, plus aisés à leur mémoire. Si vous examinez le contour, l'enveloppe théorique des fables de La Fontaine, vous constatez que le premier recueil en est dédié au dauphin, personnage officiel, encore adolescent ; le dernier, au duc de Bourgogne, qui est un enfant, et qu'elles s'apparentent, dans la production de la cour, aux ouvrages composés *ad usum delphini,* comme le *Télémaque* de Fénelon. Si vous examinez la carrière des fables, vous remarquez qu'elle a été avant tout scolaire. Elle a été favorisée par leur simplicité peut-être, peut-être aussi par l'abondance d'illustrations qu'elles inspiraient, mais aussi et surtout par cette teneur morale qu'elles passaient pour avoir. Il s'est donc formé une espèce de légende qui veut que ce soit le succès trop vif des *Contes,* le scandale qu'ils avaient provoqué, qui aient poussé La Fontaine à un genre qui lui permît de se racheter, et il aurait choisi le plus discret, le plus intransigeant et le plus pédant, qui est la fable. Cette théorie déjà ne vaut plus. Par un phénomène assez curieux, les maîtres, les mères de famille, les directeurs de pensions nationales ou religieuses continuent à imposer la récitation de La Fontaine dans leur classe, mais ils ne se dissimulent plus que ce n'est plus un catéchisme laïque. S'ils sont loyaux vis-à-vis d'eux-mêmes, ils sont même forcés d'avouer que la première chose que La Fontaine, au contraire, ait faite en touchant la fable a été de la trahir. La morale laïque consiste à prétendre que la justice règne dans ce monde du fait de l'excellence des institutions ; la morale religieuse, que la justice règne du fait de la surveillance divine. Or, chaque fable de La Fontaine est un déni de ces deux vérités. Ouvrez le recueil au hasard. Il ne vous apprendra qu'une chose, il ne mettra en relief qu'une vérité : l'injustice règne dans le monde du fait de la méchanceté et de l'inégalité des hommes, aussi bien que du fait de l'indifférence divine. Aucune des théories destinées à faire une part un peu avantageuse à l'homme sur cette terre n'est admise par La Fontaine. L'homme n'est pas naturellement parfait, comme dira Rousseau : il est avide, fourbe, méchant. La civilisation, comme prétendra Voltaire, ne l'a pas amélioré, au contraire. Il se tue et se massacre plus d'êtres dans La Fontaine que dans la tragédie tout entière ; tout y meurt : fils de roi, dormeurs étendus dans les jardins, agneaux buvant, et ils n'y meurent pas toujours, comme on meurt dans les tragédies, par une main hostile : ils sont tués par la bêtise du sort, le dormeur tué par son ami l'ours, le cerf affamé par ses amis les plus chers. Ce prétendu manuel de douceur est la catastrophe universelle : les beaux arbres s'y effondrent, les grenouilles éclatent ou sont dévorées par les grues, l'âne mangé parce qu'il est bon, le berger ruiné par la tempête parce qu'il aime les voyages. C'est tout juste si, deux ou trois fois, La Fontaine est saisi de quelques remords et sauve ses héros. De fables compatissantes, je ne vois guère que *Les Deux Pigeons,* où il n'a pas le courage de tuer le deuxième pigeon, et *L'Enfant et le Maître d'école,* où il sauve l'enfant tombé à l'eau, mais vite, et dans le dernier vers. Il en est du doux La Fontaine comme du doux Racine qui, lui aussi, massacre sans pitié, et ne sauve, en tout et pour tout, et encore à la dernière minute, que son Iphigénie. Peut-être que la douceur ne peut être une grande douceur que tendue sur la cruauté même ; mais la façon dont La Fontaine maltraite son second pigeon est assez typique, d'autant plus qu'à aucun moment il ne prétend inspirer la pitié. Pas de pitié dans La Fontaine. Il a une espèce de joie à plumer ses oiseaux vivants, à faire manger vivant son agneau. Pas d'ironie, autre forme de la pitié, ou, s'il y en a, une ironie qui atteint surtout les victimes. Il était à prévoir qu'un jour ces fables, ces petits œuvres cyniques et dures, qui avaient mené La Fontaine à l'Académie en tant que bon La Fontaine, allaient être découvertes dans leur vertu nocive et immorale. C'est vers la fin du XVIIIe siècle, au moment où le romantisme naissant amenait dans nos mœurs l'émotion et la générosité faciles, que leur masque fut levé. L'époque de la comédie larmoyante aperçut soudain dans La Fontaine une série de scènes toutes contraires à ces scènes de Greuze que l'on croyait inspirées par lui : des jeunes veuves riant autour du lit de mort des époux, des vieillards impitoyables, des enfants sans pitié. L'époque des jardins anglais et des bergères de Trianon, scandalisée par la dureté du poète pour les chèvres qui se rencontrent sur des ponts et tombent dans le précipice, ou les arbres déracinés sous prétexte d'orgueil ; l'époque pédagogue qui, par l'*Émile,* créait cet enfant doux et humain (qui, soit dit entre parenthèses, devait être plus tard Robespierre), proclamait, par la bouche de Rousseau, que La Fontaine portait plutôt l'enfance au vice qu'à la vertu, et par celle de Lamartine, que c'est du fiel, pas du lait, pour les lèvres et les cœurs de cet âge. Et la réprobation alla si loin que certains poètes, certains grands admirateurs d'ailleurs de La Fontaine, décidèrent, puisqu'on ne saurait songer à retirer La Fontaine des écoles, de refaire les fables dans un sens plus convenable à la noblesse naturelle et à la charité naturelle de l'homme. Le plus bel exemple nous en a été fourni par Lessing et vaut qu'on s'y arrête. Dans un recueil traduit aussitôt en français, il a réhabilité les animaux accusés par La Fontaine. Dès sa première fable, il réhabilite la fourmi : il fait d'elle, non pas la thésauriseuse et l'avaricieuse de la fable, mais une pauvre fourmi qui vit au jour le jour et n'amasse rien. Elle est donc excusable de ne rien donner à la cigale : ce serait aux dépens de ses propres enfants. Dans sa seconde fable, il réhabilite le lièvre, et par la bouche du lion, qui conseille au pauvre rongeur de ne pas rougir de sa peur, et lui révèle que l'animal le plus gros, l'éléphant (il ne faudra pas le répéter, mais qu'il en use pour sa gouverne),

Au grognement du porc est rempli d'épouvante.

Dans une troisième, il réhabilite le paon ; au lieu de se plaindre à Junon de ne pas savoir chanter comme le rossignol, ainsi que dans La Fontaine, le paon est tout de suite séduit par la voix du rossignol, et le rossignol par la beauté du paon.

Paon superbe, que je t'admire !
Tu me charmes aussi, chantre mélodieux !
Qu'une douce amitié nous unisse tous deux.
Tous deux, d'une façon touchante,
Se firent le serment d'une amitié constante.

Que nous sommes loin de la lutte pour la vie que se livrent dans La Fontaine les moindres animaux !

Lessing ne se borne pas à la réhabilitation. Il ressuscite. Trouvant que, dans La Fontaine, la mort intervient un peu trop facilement, il sauve les animaux que notre poète tue. Jupiter ne fait pas tomber dans le précipice les chèvres qui se rencontrent sur une planche et s'obstinent à ne pas céder ; il les afflige seulement, pour les humilier, d'une honte à laquelle le sexe faible est particulièrement sensible : il les rend barbues. Je ne saurais non plus passer sous silence la façon dont, dans *Le Corbeau et le Renard,* Lessing s'arrange pour que le flatteur, comme dans La Fontaine, ne s'en tire pas victorieux avec sa proie, mais, au contraire, soit puni comme il le convient. Le corbeau ne tient pas dans son bec un fromage, mais un morceau de viande empoisonnée que,

Pillé par les chats du voisin,
Un jardinier, dans sa colère,
Avait pour eux laissé par terre
Plein d'un subtil venin.
Le corbeau l'enleva, joyeux de cette aubaine ;
Et volant au plus haut d'un chêne,
Il s'apprêtait à faire un repas excellent
Quand le renard survint.

Vous voyez d'ici la scène :

Le corbeau, flatté,
N'écoute que la vanité
Et, généreusement stupide,
Livre son butin au perfide.
Le renard, transporté de joie,
Le raille amèrement et dévore sa proie.
Mais le poison opère et lui donne la mort.
Détestables flatteurs, vous méritez son sort.

Si même il y avait dans l'esprit de La Fontaine une nette démarcation entre les méchants et les bons ! Mais les enfants ne la trouvent pas et sont désorientés. Le serpent, qui est un animal bon et pitoyable dans la fable où l'homme le tue dans un sac, devient, dans une autre fable, le symbole de l'ingratitude. Le loup est tantôt cruel et tantôt bon et berné. Le lion, tantôt magnanime et tantôt potentat... La Fontaine, suprêmement cynique, ne fait pas manger toujours les mêmes. L'éducation ne consiste pas à confondre le mal et le bien, mais, au contraire, à les isoler, et c'est ce que ne fait pas La Fontaine. L'enfant ne sort pas de cette lecture en croyant qu'il y a des méchants et des bons, des simples et des orgueilleux, des naïfs et des rusés, mais en croyant qu'on peut être tout cela à la fois. Bref, l'enfant qui serait élevé strictement selon l'enseignement de La Fontaine entrerait dans la vie avec tous les défauts que les fabulistes moraux cherchent à lui enlever : il serait flatteur, puisque tout flatteur vit aux dépens de celui qui l'écoute ; il serait brutal, car la raison du plus fort est toujours la meilleure ; il aimerait la compromission :

Ne soyons pas si difficiles :
Les plus accommodants, ce sont les plus habiles.

Par contre, il s'adonnerait sans répit à la paresse et il lui serait simplement défendu d'être poète. Nous voici loin d'*Émile,* même d'*Émile et les détectives*...

Mais ce n'est pas pour vous montrer les singularités de cette morale que j'entreprends cette démonstration. C'est pour vous prouver que ce n'est en aucune façon un désir de se racheter des *Contes* qui a conduit La Fontaine aux *Fables.* Les *Fables* sont à la vie courante ce que les *Contes* sont à la vie amoureuse, la description souriante et impartiale des épisodes réels auxquels les sept péchés capitaux mènent l'humanité. J'irai même plus loin, et je vous ferai part de ma découverte : j'ai découvert que les *Fables* de La Fontaine ne sont pas des fables, mais des contes.

J'ai fait cette découverte il y a bien des années déjà, dans un café disparu, mais jadis célèbre, sur le boulevard Saint-Michel, où je rejoignais quelquefois mes amis aînés ou cadets : Moréas, Toulet, Apollinaire, Albalat, Morand et Guinle. Je ne sais pourquoi nous parlions, ce jour-là, de La Fontaine, notre table fit en collaboration ce qu'elle croyait une fable et, dans la chaleur de l'inspiration, l'un de nous se leva, dans le café rempli, pour en déclamer les premiers vers. Je me rappelle encore le titre : *La Sarigue et la Caméléone,* et je me rappelle aussi le début :

Un jour, le fils de la sarigue,
Qui revenait de l'Odéon,
Se sentant recru de fatigue,

Entra dans le logis d'un vieux caméléon...

Je ne pourrais vraiment affirmer que ce fût là un chef-d'œuvre. Pourtant, dans ce café comble et bruyant, un demi-silence se fit presque aussitôt, presque à l'énoncé du titre. Ceux d'entre nous qui aimaient déclamer, et ils en avaient fait l'épreuve quelquefois, n'auraient jamais pu obtenir la moindre marque d'intérêt du café, le moindre relâchement dans son agitation et dans son bruit, en récitant *Hernani, Le Cid,* Claudel ou Maurras. Mais, cette fois, toutes les tables d'habitués commencèrent à se tourner vers l'acteur, et, quand il continua :

« Oh ! Oh ! dit la caméléone,
Nous ne recevons plus personne,
Le temps de l'auberge est passé...
– C'est que je me sens harassé... »

tous écoutaient, tous attendaient, tous réclamèrent la fin de ce qu'eux aussi appelaient une fable. Mais était-ce vraiment le désir d'entendre une leçon de morale, était-ce le besoin de régénérer leur âme par la maxime finale, qui poussaient la table des fils de soyeux de Lyon à se distraire de son bridge, la table des étudiants en droit à se relâcher de son poker, la table des jeunes politiciens à modérer leurs disputes avec les jeunes politiciennes, et qui tournaient vers nous les faces soudain intéressées et souriantes des consommateurs mélancoliques, des couples passagers inconnus, élevés soudain au-dessus de leur byrrh et de leur vermouth-cassis, et interrompaient la correspondance éternelle de M. Godard, l'architecte égyptien, et amenaient les joueurs de billard du fond, étendus sur leur drap dans une vaine nage, à reprendre leur stature humaine, et provoquaient cette curiosité presque déférente chez les garçons, et forçaient au silence même le second gérant, celui qui était chargé jadis d'expulser à coups de pied dans le derrière Verlaine, quand Verlaine était ivre ? Ce n'était pas que cette troupe volage et enfoncée dans le siècle voulût se régénérer sur quelque point par le précepte qui n'allait manquer de jaillir de cette rencontre inattendue entre le petit sarigaud et l'accorte caméléone. C'était, et je le compris mieux encore en voyant l'attitude de la table immédiatement voisine – qui était occupée par des étudiants orientaux, – que ce début de fable, cette imitation de fable de La Fontaine, était le début d'un conte, que l'attention de ceux qui nous entouraient était celle des enfants à la veillée, ou justement des Orientaux autour de leur conteur ; c'était que tous les premiers vers et même seulement tous les titres de La Fontaine auraient incité l'auditoire à cette même complaisance, à cette même attente. J'avais trouvé ! Je me représentais notre ami déclamant de vraies fables :

La Tortue et les deux Canards :

Une tortue était, à la tête légère,
Qui, lasse de son trou, voulut voir le pays...
Deux canards, à qui la commère
Communiqua ce beau dessein,
Lui dirent qu'ils avaient de quoi la satisfaire...

La Chatte métamorphosée en femme :

Un homme chérissait éperdument sa chatte,
Il la trouvait mignonne, et belle, et délicate,
Qui miaulait d'un ton fort doux :
Il était plus fou que les fous...

Les Devineresses :

Une femme, à Paris, faisait la pythonisse.
On l'allait consulter sur chaque événement.
Perdait-on un chiffon, avait-on un amant,
Un mari vivant trop au gré de son épouse,
Une mère fâcheuse, une femme jalouse,
Chez la devineuse on courait
Pour se faire annoncer ce que l'on désirait...

Les Poissons et le Berger qui joue de la flûte...

J'avais trouvé ! Peu à peu, d'ailleurs, ces fables perdaient les titres stériles des fables de Phèdre ou d'Ésope, et fleurissaient, et s'élargissaient.

Le Chat, la Belette et le Petit Lapin.

Le Soleil et les Grenouilles...

J'avais trouvé ! Les *Fables* de La Fontaine étaient bien des contes, c'étaient nos contes des *Mille et Une Nuits...* La Fontaine avait eu l'idée de ses fables, non parce qu'il ne se plaisait plus aux contes – il en a écrit, d'ailleurs, jusqu'à la fin de sa vie, et alors même qu'il se consacrait plus spécialement aux fables, – mais parce qu'il aimait tellement la forme du conte qu'il ne se contentait plus du contenu qu'il y logeait sur la foi de Boccace ou de Bandello. La question, qui nous donnera la clef définitive des fables, n'est donc pas de savoir pourquoi La Fontaine créa un genre nouveau, mais, dans ce genre qu'il n'abandonnait pas, sur quelles barrières il buta, et quelle fut l'inspiration ou la rencontre qui amena cette libération.

La vérité est qu'il commençait à y trouver quelque monotonie. Cette licence imposée, cette intrigue forcément libertine, c'était évidemment l'aboutissement du talent et de la carrière de ce jeune La Fontaine que nous avons vu partir en jeune coq pour Paris, son Rabelais et son Boccace sous le bras. Mais l'autre La Fontaine, le lecteur passionné d'Ovide, celui qui, à Vaux, avait fait en voyant des pelouses bien coupées, des parterres bien dessinés, sa découverte de la nature, avait eu en voyant des fêtes, des divertissements, des mascarades, sa première impression de réalité, celui en qui mûrissaient les deux glandes du poète : le goût de la métamorphose, qui nous ouvre le monde, et le goût de la métaphore, cette métempsycose des pensées profondes ou banales, ne pouvait plus se suffire d'un genre qui déclinait. L'indolence naturelle à La Fontaine le reprenait : il était fatigué des ébats des héros des contes, il voulait enfin voir dormir ses jardiniers et ses jardinières, ses diables de Papefiguière et ses filles de geôlier. Ce goût du monologue dans la solitude, qui est la confidence la plus publique du poète, cet appel constant à l'amitié, cette dévotion désintéressée à l'amour, comment leur répondrait-il dans ces histoires salaces et encombrées de personnages maniaques et vicieux ? Où loger l'amour et la paresse dans cette assemblée douteuse ? Quels êtres allaient se prouver capables d'arracher La Fontaine à cette impasse licencieuse où le succès le maintenait ? Les êtres mythologiques tentèrent bien de l'aider. Adonis, Psyché s'y essayent ; mais la virulence de ces petits personnages italiens, la vérité de ce petit peuple, de ces ménagères, de ces filles, étaient si grandes qu'ils allaient échouer dans leur tâche. Alors se produisit une opération bien étrange, mais que nous avons vue déjà dans La Fontaine. Vous vous rappelez qu'entre les femmes vulgaires dont La Fontaine faisait sa société réelle et les déesses qui étaient ses compagnes idéales se glissa soudain une troisième variété, aussi vivante que la première, mais aussi inapprochable que la seconde, qui était la femme du monde, et qui conduisit le poète à son vrai style ? Il en est de même aujourd'hui. Entre les personnages vivants du conte, dont La Fontaine adore la forme, mais dont la jovialité le lasse, et ces êtres mythologiques qu'il aime, mais qui ne consentent pas à entrer dans le conte, La Fontaine vient d'apercevoir une race tierce qui, par son éternité, son immortalité, aura la valeur poétique des seconds, par sa vie, la réalité des premiers, et pour lesquels le conte va être la cage idéale, les animaux.

Il est deux théories au sujet des animaux de La Fontaine. Inutile de vous dire que nous serons obligés de prendre la troisième. Mais je vous les rappelle. Les uns s'extasient sur la vérité de ces animaux. Ils pensent que La Fontaine connaît les alouettes, parce que la Brie est pleine d'alouettes ; le renard, parce que la Champagne abonde en renards, et le chien, parce qu'il a eu des chiens pour chasser. Chacune de ses promenades de maître des Eaux et Forêts était déjà une collaboration avec ses futurs personnages, et, en une seule journée, il a vu le décor et les acteurs de ses douze livres de fables. Les autres prétendent que les animaux de La Fontaine ne sont que les animaux théoriques de toutes les fables qui, d'Ésope à Florian, nous ont montré les sarcelles parlant au lapin et les serpents aux grenouilles. Il s'est livré sur les bêtes de La Fontaine la même querelle que sur les bêtes de Descartes, et les zoologistes et les entomologistes ont voulu prouver qu'il n'y connaissait rien. Fabre lui-même a fait la critique de *La Cigale et la Fourmi* : la cigale ne peut aller trouver la fourmi quand la bise est venue, car, en hiver, la fourmilière dort et la cigale est morte. D'ailleurs, ajoute-t-il, « elle n'aurait pu manger des mouches, vermisseaux, ou grains, car elle est simplement munie d'un suçoir pour sucer la sève des arbres ». Ainsi, dans son édition de La Fontaine, arrivant au vers :

Cependant que mon front, au Caucase pareil,

M. Gazier commentait : « Exagération évidente. Le mont Elbrouz, au Caucase, a six mille trois cent quarante et un mètres. » Mais les deux théories n'expliquent en rien le plaisir tout particulier que nous donnent les animaux de La Fontaine. La première n'explique pas cet agrément d'art et d'artifice dont ils sont imprégnés. La seconde n'explique pas leur vérité éclatante. L'un de vous a bien voulu me signaler, dans une lettre, qu'il connaît une institutrice qui emmène ses petits élèves au Jardin zoologique et leur lit chaque fable devant l'animal qui en est le héros. C'est un procédé de critique littéraire très admissible et qui peut nous donner la solution. Si vous faites vous-mêmes cette expérience, et lisez, par exemple, devant des chats une des nombreuses fables consacrées au chat, ce qui vous surprendra le plus, c'est que, contrairement à la première thèse, les animaux de La Fontaine ne disent que des paroles absolument contraires aux pensées animales, mais aussi que, contrairement à la seconde, sous ces paroles humaines, les gestes, les allures, les passages subits ou les stations de ces animaux sont d'une justesse qu'aucun animalier n'a jamais atteinte. Et vous voyez d'ici la vérité : les *Fables* de La Fontaine ne nous montrent pas des hommes prenant des masques de bêtes, mais le contraire. Au-dessous du masque humain qui la couvre, demeure et vit, sans trop se douter de ce que le fabuliste lui fait dire, la bête véritable. Au-dessous de cette avarice, de cette adulation qu'on leur impose, existe tout ce qui est félin, fauve, griffu, poilu et parfois transparaît d'une façon extraordinaire, écartant le déguisement humain, la candeur ou l'inquiétude animale. Or, un tel recours à la bête, à l'animal, ne s'explique pas seulement par la technique de la fable. Il ne peut s'expliquer que par l'amour des animaux et la familiarité avec les animaux. Où donc les a rencontrés La Fontaine, qui ne les avait jamais vus ni remarqués jusqu'à ce jour, fût-ce à la campagne ?

Il les a rencontrés là où il a fait toutes ses découvertes, dans un palais et sous une forme qui a toujours été pour lui la forme révélatrice, la forme de luxe : sa première confrontation avec eux, ce rendez-vous dont je vous ai parlé, il ne faut pas les chercher sur les plateaux de Dormans ou dans les vallons d'Épernay. Ils ont eu lieu dans les jardins de Vaux. La rencontre de La Fontaine avec les premiers animaux de ses fables, elle n'a pas été celle de ce garde des Eaux et Forêts se penchant au cours d'une tournée sur une fourmilière. Le tableau est plus émouvant. C'est au milieu des fêtes, du luxe des jardins, c'est entre des statues et des ballets, que La Fontaine et les bêtes se sont fait leur premier signe. C'est au moment où il était le plus ambitieux, au moment où, voyant le succès de Molière, il commençait une comédie, enviant le succès de Corneille, il pensait à une tragédie, pensant à Chapelain, il commençait une épopée, et que, chargé par Fouquet de dépeindre son luxe et son goût, il allait des statues de dieux à ces déesses vivantes très citadines, qu'étaient Mme de La Fayette ou Mme de Sévigné, qu'il fit les trois rencontres dont son œuvre devait être modifiée. Lui-même ne s'est douté aucunement de leur importance. Mais, si nous lisons *Le Songe de Vaux,* qui devait être le poème triomphal de l'humanité et du luxe, nous voyons dans la préface même que seuls trois épisodes en sont achevés : l'aventure d'un écureuil, la rencontre avec un cygne qui meurt et l'histoire d'un saumon et d'un esturgeon. Il est déjà curieux que, dans notre littérature, de toute la splendeur de Fouquet, il ne survive que quatre animaux.

Voici l'esturgeon :

Me promenant vers un carré d'eau qui est au-dessus d'une cascade, j'aperçus un saumon et un esturgeon s'approchant du bord, comme s'ils eussent voulu me parler. Cela me surprit tout à fait ; car je ne croyais pas que la rivière d'Anqueuil entretînt commerce avec l'Océan. Je demandai donc à ces animaux pour quel motif ils avaient quitté leur patrie. L'esturgeon me répondit par un truchement.

« Cela vous semble nouveau
Que des poissons, qui nagent en grande eau,
S'en aillent si loin se faire
Une prison volontaire,
Et renoncent pour elle à leur pays natal,
Quand la prison serait un palais de cristal.
En effet, il n'est personne
Qui d'abord ne s'en étonne ;
Car ce n'est pas la faim qui nous a fait sortir
Du lieu de notre naissance ;
Sans nous vanter, et sans mentir,
Nous y trouvions en abondance
De quoi soûler nos appétits.
Si les gros nous mangeaient, nous mangions les petits,
Ainsi que l'on fait en France...

Voilà le cygne :

Comme j'aime extrêmement l'harmonie, je quittai le lieu où j'étais pour aller du côté que le son se faisait entendre. Lycidas me suivit ; et, lui ayant demandé ce que ce pouvait être, il me dit que Sylvie, ayant appris qu'un cygne de Vaux s'en allait mourir, avait envoyé quérir Lambert (le musicien célèbre) *en diligence, afin de faire comparaison de son chant avec celui de ce pauvre cygne.*

Et, en effet, on voit Lambert arriver. Sylvie s'assied sur le bord du canal où est le cygne, et Lambert chante.

Enfin, on crut que le cygne n'oserait chanter après lui. Il chanta toutefois, et chanta véritablement assez bien ; mais c'était dans une langue qu'on n'entendait point ; et Sylvie, ne jugeant pas à propos de le voir mourir, se fut promener d'un autre côté.

Le rendez-vous a eu lieu. La Fontaine ne s'en doute pas encore, mais il vient de se heurter à l'avant-garde des fables, avant-garde particulièrement noble. Tout à sa littérature des grands genres, il essaye évidemment de transformer les premières bêtes qui viennent lui rendre hommage en allégories, en une déformation de la nature vivante qui flatte. Il s'imagine que ce n'est pas leur état d'animal qui l'attire, mais le côté symbolique de l'animal ; pendant quelques années, c'est vers l'animal imaginaire qu'il va se tourner ; ses poèmes se peuplent de monstres. L'histoire de *Psyché* est pleine d'animaux symboliques. Ce n'est pas encore avec des masques d'hommes que La Fontaine habille ses bêtes, c'est avec un travestissement d'animal. Mais, déjà, peu importe que les animaux autour de lui revêtent des peaux d'âne brillantes et irréelles. Il pense à eux. Il est reconnaissant à ses amis autrefois invisibles de l'avoir rejoint à Vaux ; il les estime davantage d'y être conviés. Dans ce monde changeant de Fouquet, il est touché de les retrouver tels qu'ils étaient dans son enfance, et tels qu'ils ont toujours été : le plus fidèle des habitants de Vaux n'était pas La Fontaine, qui n'était fidèle qu'à Fouquet, mais ces poissons et écureuils fidèles à leur race, à leur esprit, à l'univers et au temps, fidèles à La Fontaine. Aussi, quand il eut l'idée, toujours écrivain d'occasion, de s'essayer à ces imitations d'Ésope qui devenaient à la mode, le voilà tout surpris, à la fois, et comblé, dès ses premières fables, de retrouver, admises dans la littérature à titre latin ou grec, les bêtes mêmes de Château-Thierry. Il est plus surpris encore, alors qu'il s'apprête à les revêtir de ce costume de bon ton qu'exigeait la décence poétique, de s'apercevoir qu'elles sont pour cela trop vivantes, qu'il les connaît trop, qu'il les connaît toutes. Il constate qu'il est à l'aise avec elles : toute cette science inconsciente d'eux, cette familiarité inconsciente avec eux, tout à coup se révèlent. L'étroite ménagerie d'Ésope ne lui suffit plus. Elles arrivèrent toutes, non plus comme les animaux théoriques des fabulistes, mais dans leur force et leur vie. Toute la faune de Champagne accourt avec ses muscles, ses mouvements ombrageux ou confiants, sa fuite et son audace. Elles élargissent la pauvre et revêche fable de toute leur vérité, c'est-à-dire de toute la nature. Elles en font ce conte oriental dont elle est encore, dans notre littérature, le seul exemplaire. La Fontaine, au contraire des autres fabulistes qui attrapent des préceptes avec des animaux qui n'en ont que faire, devient le possesseur d'une meute vraie, innombrable, qui rabat sur lui la vérité. Il pêche sa vérité au cormoran, il la chasse au lion, avec des animaux qui, au lieu du maître indifférent qu'était Phèdre ou Ésope, trop occupés des hommes pour croire aux bêtes, sentent que La Fontaine les aime et qu'ils sont devenus la vraie raison de ses contes. La raison de ces contes est de donner à ces forces pures et intègres qu'ils sont, un jeu, une boule à rouler, qui est l'homme. De ce jour, il se met à les observer : il n'a observé la fourmi que longtemps après sa fable célèbre. C'est au moment où il écrit le poème de saint Malc, c'est dans sa vieillesse, qu'il se plaît à assister à l'enterrement fameux de la fourmi qu'il traduit de saint Jérôme, mais après avoir voulu l'observer lui-même.

Il vit auprès d'un tronc des légions nombreuses
De fourmis qui sortaient de leurs cavernes creuses.

L'une poussait un faix ; l'autre prêtait son dos.
L'amour du bien public empêchait le repos.
Les chefs encourageaient chacun par leur exemple.
Un du peuple étant mort, notre saint le contemple
En forme de convoi soigneusement porté
Hors les toits fourmillants de l'avare cité.

De ce jour, il les aime et cet amour des bêtes, il l'avoue, il le proclame. Descartes, dans un raisonnement d'ailleurs assez tendancieusement interprété, avait prétendu que les bêtes n'avaient pas d'âme. Quelques rares femmes protestent : Mme de Sévigné, à cause de sa chienne Marphyse ; Mlle de Scudéry, à cause des trois caméléons qu'on lui avait rapportés d'Égypte ; et la nièce même de Descartes, à cause d'une fauvette qui revenait chaque année dans le même bosquet, répond au *Discours de la Méthode* par un madrigal :

Quand la plus belle des fauvettes
Je vis revenir où vous êtes :
« Ah ! m'écriai-je alors avec étonnement,
N'en déplaise à mon oncle, elle a du jugement. »

Mais aussi bien Pascal que Port-Royal, que Malebranche, qui s'amusait, dit-on, à battre sa chienne sous prétexte qu'elle ne sentait rien, mais le siècle entier, siècle de l'esprit et de l'orgueil humains, et aussi de la religion, tous s'empressaient d'adopter une thèse qui laissait l'humanité seule et sur cette terre et au Paradis. La Fontaine n'admet pas cette exclusion ; il proteste justement en citant non des arguments théoriques, mais ses souvenirs d'enfance – il est d'ailleurs à l'âge où reviennent les souvenirs d'enfance – qui maintenant le lient aux bêtes, les chasses au cerf dans la forêt de Villers-Cotterêts, les ruses de la perdrix ; il fait même suivre sa fable du *Chat-Huant,* qui coupait les pattes des souris et les engraissait, d'un commentaire en prose, pour affirmer qu'il a été témoin du fait. Si la cigale et la fourmi, qui viennent auprès de La Fontaine en ambassadrices de toute la faune du monde, sont encore un peu livresques, c'est qu'elles sont à peine sorties d'Ésope et de Phèdre, et il copie seulement ses modèles. Mais peu à peu, et surtout à partir de cette querelle sur les âmes des animaux, sa fraternité avec eux augmente, sa pitié aussi. Toute la seconde partie des fables est dominée par l'idée de la métamorphose. La pratique des fables ne l'amène pas, comme elle l'a fait de tous les moralistes, vers des considérations morales plus précises et plus nettes. Les dernières sont les plus longues, les plus diffuses. Et il ne revient pas aux Latins, ni aux Grecs, ni aux Ysopets du Moyen Age. Il a trouvé enfin son livre de chevet, son vrai fabuliste, et c'est un fabuliste indien. C'est Pilpay. Il emprunte à ce vieux Pilpay, dont il ne connaît que des traductions fragmentaires, non seulement ses sujets, non seulement ses personnages, la gazelle, l'éléphant, le rhinocéros, mais aussi une espèce d'esprit de panthéisme et d'aventure qui est le propre du récit oriental. Lisez *La Souris métamorphosée en fille*, que se disputent soleil, nuage, montagne, et qui se donne à un rat. Lisez *L'Homme et la Couleuvre*. Lisez ces fables où apparaissent les principaux personnages des contes indiens : *Le Bassa et le Marchand, Le Marchand, le Gentilhomme, le Pâtre et le Fils de Roi*. La Fontaine, au lieu d'amenuiser et de rendre plus concise sa morale, semble la dédaigner pour ne plus prendre qu'intérêt aux débats de la vie. Dans la religion indienne, dans le conte indien, il trouve ce qu'il n'a trouvé qu'avec peine en France, une nature et des animaux naturellement bavards. La vache hindoue, le serpent hindou, l'éléphant, le léopard, la tortue, l'amènent enfin directement, non pas là où il croit aller, ni là où il dit qu'il va, à ce genre petitement humain que sont les fables, mais à cette large épopée et cette communion universelle que sont le conte et la légende, et l'épilogue du onzième livre – qui fut, pendant quinze ans, l'épilogue général, – bien qu'il n'ait pas été écrit au bord du Gange, nous en est l'ultime preuve :

C'est ainsi que ma Muse, aux bords d'une onde pure,
Traduisait en langue des dieux
Tout ce que disent sous les cieux
Tant d'êtres empruntant la voix de la nature,
Truchement de peuples divers,
Je les faisais servir d'acteurs en mon ouvrage :
Car tout parle dans l'univers ;
Il n'est rien qui n'ait son langage.

Ce n'est pas là le langage des fables, mais son contraire, celui de la fable.

L'heure nous presse, je m'en excuse, et je conclus. Vous avoir montré que La Fontaine finit là où Kipling commence, cela me suffit pour aujourd'hui. Et il y allait dès son départ. On peut suivre les animaux les yeux fermés ; ce n'est pas la première fois qu'ils guident un aveugle. Si vous lisez cette vie d'Ésope dont il a fait la préface des fables, cette vie qui n'est pas une vie de moraliste, mais la vie étrange d'un aventurier, la vie d'un Kim de Phénicie ou de Thrace, vous sentez que, dès le début, La

Fontaine n'allait pas vers la pédagogie ou la remontrance, mais vers l'aventure, mais vers ces petits *Contes des Mille et Un Jours* que sa concision naturelle aussi bien que l'emploi du vers ont heureusement empêchés de s'élargir en récits diffus. Et telle est la quatrième tentation de La Fontaine : celle qu'ont organisée autour de lui cette comédie, cette tragédie, cet opéra ou cette ode dans lesquels il n'était qu'un poète secondaire et qu'un courtisan parasite, et qui a été brusquement conjurée du jour où lui ont fait signe, dans les cascades de Vaux, cet esturgeon et ce saumon bondissant de compagnie et, sur le canal solitaire, ce cygne qui mourait.

Ici Mlle Berthe Bovy et M. Denis d'Inès jouent une scène de La Coupe enchantée *et Mlle Berthe Bovy récite* L'Homme et la Couleuvre.

L'HOMME ET LA COULEUVRE

Un Homme vit une Couleuvre.
« Ah ! méchante, dit-il, je m'en vais faire une œuvre
Agréable à tout l'univers ! »
À ces mots, l'animal pervers
(C'est le Serpent que je veux dire,
Et non l'Homme : on pourrait aisément s'y tromper) ;
À ces mots, le Serpent, se laissant attraper,
Est pris, mis en un sac, et, ce qui fut le pire,
On résolut sa mort, fût-il coupable ou non.
Afin de le payer toutefois de raison,
L'autre lui fit cette harangue :
« Symbole des ingrats ! être bon aux méchants,
C'est être sot ; meurs donc : ta colère et tes dents
Ne me nuiront jamais. » Le Serpent en sa langue
Reprit du mieux qu'il put : « S'il fallait condamner
Tous les ingrats qui sont au monde,
À qui pourrait-on pardonner ?
Toi-même tu te fais ton procès. Je me fonde
Sur tes propres leçons ; jette les yeux sur toi.
Mes jours sont en tes mains, tranche-les : ta justice,
C'est ton utilité, ton plaisir, ton caprice ;
Selon ces lois, condamne-moi ;
Mais trouve bon qu'avec franchise
En mourant au moins je te dise
Que le symbole des ingrats
Ce n'est point le Serpent, c'est l'Homme. » Ces paroles

Firent arrêter l'autre ; il recula d'un pas.
Enfin il repartit : « Tes raisons sont frivoles.
Je pourrais décider, car ce droit m'appartient ;
Mais rapportons-nous-en. – Soit fait », dit le Reptile.
Une Vache était là ; l'on l'appelle, elle vient ;
Le cas est proposé. « C'était chose facile.
Fallait-il pour cela, dit-elle, m'appeler ?
La Couleuvre a raison ; pourquoi dissimuler ?
Je nourris celui-ci depuis longues années ;
Il n'a sans mes bienfaits passé nulles journées ;
Tout n'est que pour lui seul ; mon lait et mes enfants
Le font à la maison revenir les mains pleines ;
Même j'ai rétabli sa santé, que les ans
Avaient altérée, et mes peines
Ont pour but son plaisir ainsi que son besoin.
Enfin me voilà vieille, il me laisse en un coin
Sans herbe. S'il voulait encor me laisser paître !
Mais je suis attachée, et, si j'eusse eu pour maître
Un Serpent, eût-il su jamais pousser si loin
L'ingratitude ? Adieu. J'ai dit ce que je pense. »
L'Homme, tout étonné d'une telle sentence,
Dit au Serpent : « Faut-il croire ce qu'elle dit ?
C'est une radoteuse, elle a perdu l'esprit.
Croyons ce Bœuf. – Croyons », dit la rampante bête.
Ainsi dit, ainsi fait. Le Bœuf vient à pas lents.
Quand il eut ruminé tout le cas en sa tête,
Il dit que du labeur des ans
Pour nous seuls il portait les soins les plus pesants,
Parcourant sans cesser ce long cercle de peines
Qui, revenant sur soi, ramenait dans nos plaines
Ce que Cérès nous donne et vend aux animaux ;
Que cette suite de travaux
Pour récompense avait, de tous tant que nous sommes,
Force coups, peu de gré ; puis, quand il était vieux,
On croyait l'honorer chaque fois que les hommes
Achetaient de son sang l'indulgence des dieux.
Ainsi parla le Bœuf. L'Homme dit : « Faisons taire
Cet ennuyeux déclamateur.
Il cherche de grands mots, et vient ici se faire,
Au lieu d'arbitre, accusateur.
Je le récuse aussi. » L'Arbre étant pris pour juge,
Ce fut bien pis encore : il servait de refuge
Contre le chaud, la pluie et la fureur des vents ;
Pour nous seuls il ornait les jardins et les champs.
L'ombrage n'était pas le seul bien qu'il sût faire ;

Il courbait sous les fruits. Cependant, pour salaire,
Un rustre l'abattait, c'était là son loyer,
Quoique, pendant tout l'an, libéral il nous donne
Ou des fleurs au printemps, ou du fruit en automne ;
L'ombre l'été ; l'hiver, les plaisirs du foyer.
Que ne l'émondait-on sans prendre la cognée ?
De son tempérament, il eût encor vécu.
L'Homme, trouvant mauvais que l'on l'eût convaincu,
Voulut à toute force avoir cause gagnée.
« Je suis bien bon, dit-il, d'écouter ces gens-là. »
Du sac et du Serpent aussitôt il donna
Contre les murs, tant qu'il tua la bête.
On en use ainsi chez les grands.
La raison les offense ; ils se mettent en tête
Que tout est né pour eux, quadrupèdes et gens,
Et serpents.
Si quelqu'un desserre les dents,
C'est un sot. – J'en conviens ; mais que faut-il donc faire ?
– Parler de loin, ou bien se taire.

LA TENTATION DU SCEPTICISME ET DE LA RELIGION

MESDAMES, MESDEMOISELLES,
MESSIEURS,

C'est aujourd'hui notre dernier entretien avec La Fontaine. Ce mois de vie que vous lui avez donné et qui lui a permis de reprendre pour nous sa vagabonde et si stable existence se termine cet après-midi, et, dans une heure, nous allons le laisser à nouveau étendu, froid et muet, dans ce cimetière dont il n'a pas été le moindre saint, le cimetière des Saints-Innocents. Voilà quatre semaines, je pensais devoir aujourd'hui m'excuser d'avoir été contraint, au cours de cinq longues causeries, à me répéter quelquefois. En fait, je m'aperçois que j'ai à peine effleuré mon sujet. Cette vie de La Fontaine, qui ne contient rien, contient tout. La distraction est vraiment l'occupation suprême. Ceux qui nous paraissent occupés, actifs, remuants, sont seulement ceux qui sont distraits des véritables plaisirs et des véritables devoirs, et comme vous le disait, mecredi dernier, le M. Josselin de *La Coupe enchantée*, de ces beautés qui sont *le ciel, la terre, le feu, l'air, le jour, la nuit, le soleil, la lune, les étoiles, les herbes, les prés, les fleurs, les fruits*. Vous dire ce qu'ajouterait La Fontaine à cette énumération, qui ne concerne que la nature, qui ne concerne ni les amis, ni les femmes, ni les yeux, ni le visage, ni les mains, ni les silhouettes, ni les ombres, ni les corps, ni les animaux, ni la lecture, ni l'inspiration, ni l'écriture, – ni les conférences, – serait vous donner une faible idée de sa prodigieuse activité. Mais il faut nous arrêter. Je voudrais seulement vous remercier de la fidélité avec laquelle vous avez, depuis le début, rempli cette salle d'auditeurs attentifs. Peut-être vous rappelez-vous le dessin, paru voilà quelques années, dont la légende était ainsi conçue : *Grande réunion en l'honneur de La Fontaine organisée à huit heures juste par les savants et les entomolo-*

gistes en protestation contre les perpétuelles caricatures ou anecdotes de ceux qui accusent les savants et les poètes d'être distraits. Et il représentait, au-dessous d'une grande horloge qui marque neuf heures, une salle toute préparée, le verre d'eau compris, mais complètement vide. Peut-être La Fontaine vous sait-il gré, aujourd'hui, de n'avoir pas pensé que votre distraction était le meilleur hommage que vous puissiez lui rendre, même à l'heure où il va être pris de son accès le plus grand de distraction, à l'heure où il va mourir.

À vrai dire, ce n'est pas moi qui devrais être, aujourd'hui, sur cette estrade. J'y vois celui de mes camarades qui s'est spécialisé dans la damnation, mon cher ami Mauriac. Car notre sujet pourrait bien être, cette fois, la vraie tentation, celle de saint Antoine, celle de l'Enfer, la lutte de Dieu et du diable. Notre sujet est à la fois indiqué et limité par deux actes de paroisse. Le premier, cet acte de baptême de la paroisse Saint-Crépin, à Château-Thierry :

Le huitième jour de ce présent mois de juillet, en l'an mil six cent vingt et un, a été baptisé par moi, soussigné curé, un fils nommé Jehan. Le parin, honorable homme Jehan de La Fontaine ; la marine, Claude Josse, femme de Me Louis Guérin, aussi maistre des Eaux et Forêts au dict lieu. Signé : *Anthoine La Vallé prêtre.*

Le second, cet acte d'inhumation du registre des sépultures de la paroisse Saint-Eustache de Paris (1695) :

Le jeudi 14 avril, deffunct Jean de La Fontaine, un des quarante de l'Académie française, âgé de soixante-seize ans, demeurant rue Plâtrière, à l'hôtel Derval, décédé pieusement au treizième du présent mois, a esté inhumé au cimetière des Saints-Innocents. Signé : *Chandelet. Reçu soixante-quatre livres dix sols.*

Or, notre sujet est ceci : qu'entre ce baptême gratuit, cette arrivée sur la terre qui n'a coûté que les quelques larmes du petit La Fontaine quand on lui sala la langue, et cette disparition édifiante et sanctifiée dans le coin de terre qui coûta soixante-quatre livres dix sols, entre ces deux flamboiements de grâce chrétienne, séparés pour nous par soixante-quatorze ans, mais qui, aux yeux de Dieu, doivent paraître le même candide bûcher, il n'est pas d'année où les directeurs de l'âme de La Fontaine n'aient eu l'occasion de désespérer. Il n'est pas une occasion d'approcher l'hérésie, ou le non-conformisme, ou l'athéisme, dont l'âme ingénue de notre poète n'ait immédiatement profité. Dans ce siècle d'orthodoxie rigoureuse, de protocole religieux, de morale royale de plus en plus rigide, l'âme placidement catholique de La Fontaine dérive infailliblement vers les infidèles, les philosophes et les libertins. Elle n'échappe à l'impiété que pour tomber dans l'indignité. Mais ce jeu entre la damnation et la condition bienheureuse (jeu sur l'issue duquel les amis religieux de La Fontaine sont maintenant complètement rassurés, ce qui nous permettra de l'aborder sans trop de pathétique) a ceci de particulier qu'il est, comme tout dans La Fontaine, chargé d'innocence. Il ne s'agit pas de révoltes de l'âme, de trahison de l'âme, de ces débats ou de ces cris auxquels nos autres poètes, de Villon à Verlaine, nous ont habitués. Les anges gardiens n'ont jamais eu aucun doute sur l'avenir final de l'âme de La Fontaine. C'est pour cela, sans doute, qu'ils l'ont laissé seul si souvent. Il y a, d'ailleurs, à imaginer l'enfer de La Fontaine, La Fontaine en enfer, une impossibilité que n'aurait certainement pu vaincre non plus l'esprit de la justice divine. En fait, ce à quoi ressemble le plus cet incomparable pécheur, c'est à un saint. Sur lui ne prend pas le péché : il y a des âmes salissantes et d'autres qui ne le sont point. Il nous a légué une vie toute transparente. La gaieté, l'argent, la vie facile, il les a recherchés comme s'il avait une petite âme, mais il a supporté et subi les honneurs, les disgrâces, l'abondance ou la misère comme s'il en avait une très grande. La comparaison qui vient infailliblement à l'esprit, quand on pense à lui, ce n'est pas une comparaison avec celui qu'il crut son modèle, Anacréon, avec un sceptique grec à visage ouvert, régulier et, au fond, limité et dur, mais avec un de nos saints de province, avec ce saint François de Sales auquel il ressemble vraiment, qui, parti, comme La Fontaine, avec l'esprit, le charme, la distraction, mais allant vers la vie du siècle, alors que les premiers pas de La Fontaine le menaient vers les ordres, a commis l'erreur, si l'on peut dire erreur, inverse d'aiguillage et est allé vers Dieu au lieu d'aller vers le monde. Si La Fontaine a vécu dans cette innocence heureuse, c'est qu'il y a en lui du bienheureux. Dans son *Traité de l'Amour de Dieu*, chaque phrase de saint François nous fait songer à La Fontaine, sans compter que nous y trouvons une série d'apologues où La Fontaine lui-même a puisé ses fables, celle sur l'alouette et celle sur la perdrix. Dans son *Introduction à la Vie dévote*, il semble qu'il ait prévu déjà le style et le mutisme de La Fontaine, quand il nous parle du bon usage de la parole et de ce langage doux, franc, sincère, rond, naïf et fidèle :

Gardez-vous des duplicités, artifices et feintises : bien qu'il ne soit pas bon de dire toujours toutes sortes de vérités, si n'est-il jamais permis de contrevenir à la vérité... Le parler peu, tant recommandé par les anciens sages, ne s'entend pas qu'il faille dire peu de paroles, mais de n'en dire pas beaucoup d'inutiles ;

car de faire trop l'entendu et le sévère, refusant de contribuer aux devis familiers qui se font des conversations, il semble qu'il y ait un manquement de confiance ou quelque sorte de dédain ; de babiller aussi et cajoler toujours, sans donner ni loisir ni commodité aux autres de parler à souhait, cela tient de l'éventé et du léger.

Et n'est-ce pas un épisode de La Fontaine que l'histoire du premier prêche de saint François de Sales à Paris, où, alors que tout Paris attendait un magnifique sermon, à dessein, pour éviter l'emphase, il raconta simplement la vie de saint Martin et fit dire à une auditrice :

– Voyez un peu ce montagnard, comme il prêche bassement ! Il fallait bien venir de si loin pour nous dire ce qu'il dit et exercer la patience de tout le monde...

Ainsi paraît La Fontaine dans la description de La Bruyère. Mais mon but dans cette causerie n'est pas une prétention à faire envisager la canonisation de La Fontaine par les autorités compétentes. Je veux simplement dire qu'il a une de ces natures simples et candides pour le bien et le mal, qui attirent particulièrement l'attention du diable à cause de la facilité apparente de la tentation, et la retiennent toute leur vie, justement à cause de la difficulté de l'exploit.

Aucune vie, pourtant, ne paraît, au départ, devoir être plus soustraite que celle de La Fontaine aux erreurs et aux tribulations du siècle. À vingt ans, La Fontaine fait son noviciat. Il a décidé d'être prêtre. Il n'a pas fait que le décider. Il est passé à la réalisation. Nous le savions par la tradition orale. Mais il en a été retrouvé aussi le témoignage écrit. Le destin chrétien qui enveloppe La Fontaine a voulu qu'il ne restât aucune trace écrite de ses turpitudes, mais que chacun de ses pas dans la religion laissât une marque et une attestation bien signée. Ce sont les empreintes des élus et les bons points de l'ange gardien qui nous sont tous parvenus. Mais c'est dans le choix de son ordre que se manifeste déjà le penchant de La Fontaine. Il va vers une doctrine dont s'éloigne la faveur de la religion et de la monarchie officielle : vers le mysticisme. Il entre à l'Oratoire. Nous lisons dans les *Annales de l'Oratoire* :

Le 27 avril 1641, M. Jean de La Fontaine, âgé de vingt ans, a été reçu pour les exercices de piété de nos confrères.

La légende veut que ce soit la lecture d'un écrivain latin qui l'ait ému, à ce point qu'il n'écouta pas les remontrances de son père et que, même, il décida son jeune frère Claude à le suivre au séminaire. C'était une vraie vocation, car Jean était l'aîné et les ordres étaient, en général, l'apanage des cadets. Pendant dix-huit mois, les habitants de la rue Saint-Honoré, puis ceux de Juilly, où les Oratoriens avaient leur maison de campagne, purent coudoyer un jeune homme vêtu du petit collet, qui était La Fontaine, et regarder respectueusement ses deux insignes de piété, la barrette et le livre qu'il portait sous le bras. À vrai dire, barrette et livre n'étaient pas toujours des instruments de sainteté. En ce qui concerne la barrette, nous avons des précisions.

On montre encore, au second étage de la maison de Juilly, écrit un historien ancien de l'Oratoire, *la fenêtre du haut de laquelle, novice, La Fontaine s'amusait à faire descendre, au bout d'une longue corde, sa barrette remplie de mie de pain jusque dans la basse-cour, pour attirer la volaille et rire tout à son aise des mœurs querelleuses et gloutonneuses des coqs, poules et canards.*

C'était la barrette de saint François d'Assise. Et quant au livre, on nous raconte aussi que ce n'était pas saint Augustin, mais *L'Astrée*. On a même voulu voir dans *L'Astrée* le livre qui aurait détourné le jeune prêtre de la mission religieuse. Mais cette thèse me paraît bien faible. Pourquoi l'en aurait-il détourné ? On ne l'eût pas empêché, à l'Oratoire, de lire le roman poli et anodin qu'est *L'Astrée*. L'ordre était doux. Il ne comportait aucune obligation de vœux, il avait une constitution souple et démocratique, aucune règle, en tout cas, qui pût paraître rude à La Fontaine. L'office de l'ordre demandait, avant tout, aux membres deux qualités que notre poète possédait sans aucun doute : la sensibilité et le goût de la contemplation, puisque sa mission était l'adoration de la naissance, de la vie et de la mort de Jésus et de la Vierge. Il est hors de doute que La Fontaine se plaisait en ces lieux où la camaraderie était de choix et facile, où la musique était excellente – les frères de l'Oratoire étaient appelés les prêtres des beaux chants ; dans cette assemblée, où tout était douceur, esprit, luxe de cœur, qui constituait une espèce de cour, la cour de la Vierge, et faisait de chaque Oratorien une sorte de courtisan passionné, mais discret, cultivé, mais simple, une cour sans grades et sans apparat, sans obligation et sans horaire, – bref, l'idéal de la cour pour La Fontaine. Il ne se sentait chez lui, a-t-il dit, que là où l'on aimait. Quel foyer ne devait pas être le lieu où l'on adorait. Je suis même très étonné de constater que personne, parmi les historiens de La Fontaine, n'ait mis en relief le bénéfice qu'a eu notre poète de ce passage dans une demeure où venait aboutir toute l'invasion mystique du début du siècle. Pour moi, j'explique par lui le caractère de ses premières œuvres. Contre les Jésuites et leur participation à la vie du monde, contre les Jansénistes et la rigueur de la doctrine, contre le nouveau clergé royal et son orthodoxie, il ne restait justement plus guère que l'Oratoire comme asile à cette sœur de la distraction de La Fontaine, la contemplation, et à cette cousine de l'inspiration du poète, l'extase. Sous quelle influence était l'Oratoire ? Sous celle du P. de Condren, sous celle de ce prêtre visionnaire qui a fait lui-même la théorie de ses ravissements. Il venait à peine de quitter la direction de l'ordre quand La Fontaine y fut admis. Notre jeune novice entra dans un domaine où l'irréel était fait réel, où les rapports de la nature divine et de la nature humaine étaient proclamés directs et sensuels, où la vision divine n'était évidemment pas journalière et codifiée, mais enlevait à la vie, par sa possibilité, tout cet affreux caractère de nécessité, d'obligation, et d'humanité entre soi, auquel La Fontaine répugnait déjà. Les visions du P. de Condren comprenaient trois phases : le prélude, l'éblouissement, le crépuscule. C'est presque la théorie aussi de l'inspiration poétique. Il est hors de doute que cet embrasement religieux n'a pas été sans adoucir de ses reflets les horizons antiques où déjà les lectures des écrivains grecs et latins avaient guidé le poète. Mais où l'influence des mystiques se révèle indubitablement, c'est dans le paysage des premières œuvres de La Fontaine. Quel est le paysage des mystiques ? Quels sont, par exemple, le paysage et la nature de cette Marie de Valence, de cette sœur Marie qui vivait encore à cette époque, puisqu'elle mourut en 1648, et pour laquelle ces messieurs de l'Oratoire avaient un respect particulier ? C'est, d'abord, un château : qu'il s'agisse de sainte Gertrude ou de sainte Thérèse, elle voit un magnifique château. *Dieu*, nous dit son disciple, M. de La Rivière (que d'agréables variantes nous avons trouvées, dans cette étude, au nom de La Fontaine), *lui donne un château spirituel qui lui représente la glorieuse Vierge Marie*, ou bien *on lui fait voir en vision que la glorieuse Vierge était un palais immense ou un beau verger*. Et ce palais est entouré d'une cour : *trois jeunes dames se présentent à elle et lui font fête, et se mettent à célébrer les louanges de leur quatrième sœur, l'humilité, la conjurant aussi de la vouloir retirer dans l'hôtel de son cœur.*

Et d'un grand luxe d'équipages.

– *Approchez-vous de ce carrosse*, dit l'une des dames à Marie de Valence.

Car approchaient les vertus en leur haut appareil, portées sur des chars de triomphe roulant sur quatre mystiques roues, auxquels étaient attachés deux chevaux, et chaque char triomphal avait son cocher et un assemblage d'oiseaux rares.

Un jour, Dieu fit passer devant les yeux de Marie de Valence divers oiseaux de diverses espèces, dont quelques-uns étaient couverts de si belles plumes que c'était un contentement de les voir.

Et où ont lieu de préférence les extases de sœur Marie ? Dans des jardins et près de fontaines.

Vers 1613, Marie, se rendant à Grenoble, fit halte à Voiron, chez le sieur de La Buysse, qui tint à lui faire les honneurs de son jardin, un des plus beaux de tout le Dauphiné. Or, comme elle arrivait en un lieu fait en forme de grotte, on lui donna la récréation d'une fontaine artificielle qui jetait, par divers tuyaux, les eaux en haut, en bas, de-çà, de-là, et de tous côtés. Là aussi étaient disposés plusieurs gentils artifices, comme d'oiseaux qui semblaient gazouiller, d'un ermite qui sonnait la cloche, et tout plein d'autres inventions qui faisaient merveille par le laps et la chute des eaux. Quand voilà qu'à l'instant, elle vit en l'esprit Jésus-Christ à l'instar d'une fontaine limpide.

De là, on la mena voir une autre belle fontaine au sommet de laquelle il y avait un tuyau dans lequel on mit une chandelle allumée. À même temps, on desserra certains ressorts, et l'eau sortant de dessous le tuyau, elle se forma en vase autour de la chandelle... Cette eau montait et descendait sans cesse autour de la chandelle et, en montant et descendant, le vase d'eau demeurait toujours parfaitement formé en ovale avec la chandelle en dedans et qui, pourtant, ne s'éteignait pas... Mais voilà que, tout à coup, le Saint-Esprit lui fit voir intérieurement que l'âme bien fondée en charité était un chef-d'œuvre de Dieu où l'on voyait tout à la fois l'eau-de-vie de la grâce et le feu du divin amour, et elle sentit entrer en soi les aimables vertus ainsi à proportion que des abeilles dans leur ruche.

Telle est la description du monde mystique selon M. de La Rivière. Or, où le retrouvons-nous, sans son caractère divin évidemment, mais avec ses splendeurs, ses jardins, ses extases, ses animaux rares ? Nous le retrouvons dans la première œuvre de La Fontaine, car ce lieu, ce décor qui hantent l'esprit de Marie de Valence, sont exactement ceux qu'habite le premier protecteur de La Fontaine, Fouquet : c'est le château de Vaux.

Écoutez le début de la description de La Fontaine ; c'est le début d'une extase mystique :

C'était aussi cette maison magnifique, avec ses accompagnements et ses jardins, ... que ma mémoire conservait avec un grand soin comme étant les plus précieuses pièces de son trésor. Ce fut sur ce fondement que le Songe éleva son frêle édifice et tâcha de me faire voir les choses en leur plus grande perfection... Je vis des plantes, je vis des marbres, je vis des cristaux liquides, je vis des animaux et des hommes.

Là, cent figures d'air en leurs moules gardées,
Là, des biens et des maux les légères idées,
Prévenant nos destins, trompant notre désir,
Formaient des magasins de peine ou de plaisir.
Je regardais sortir et rentrer ces merveilles :
Telles vont au butin les nombreuses abeilles.

Et quel est aussi le décor de *Psyché*, la seconde œuvre de La Fontaine, sinon ce décor mi-antique, mi-campagnard, rehaussé de châteaux, de cascades et de pelouses que la Renaissance a transmis au mysticisme, son héritier le plus fidèle en objets d'art ? Toute l'aventure de Psyché, de son arrivée dans le palais de l'Amour jusqu'à son malheur et jusqu'à sa découverte du bonheur, se déroule dans une série d'antres, de palais, de clairières, de cascades – bref, dans cet arrangement et cet endimanchement de la nature où se complaît la pensée mystique, parce que tout y devient symbole. Lorsque Psyché entend des voix qui lui disent : *Cesse d'être errante, ce que tu cherches a des ailes*, on ne saurait dire si c'est la parole de M. de La Rivière ou de M. de La Fontaine. Et d'ailleurs tous les écrivains chrétiens, comme cet évêque de Carthage du VIe siècle, comme Calderon lui-même, n'ont-ils pas vu le Christ dans l'amour ; dans Psyché, l'âme du fidèle qui s'élance vers lui ?

Ici Mlle Madeleine Ozeray et M. Claude Saint-Val récitent les scènes d'amour de Psyché.

Je ne pousserai pas la comparaison jusqu'au bout. Ce qui débute en langage mystique dans *Psyché* s'achève en mondanités assez irrévérencieuses, et la description de deux tapisseries de la chambre de Psyché est assez typique sur ce point. Après une description mystique de la première, qui est la création du monde, et qui serait acceptable pour l'Oratoire :

Dans la première on voyait un chaos,
Masse confuse, et de qui l'assemblage
Faisait lutter contre l'orgueil des flots
Des tourbillons d'une flamme volage.

Non loin de là dans un même monceau
L'air gémissait sous le poids de la terre.
Ainsi le feu, l'air, la terre avec l'eau
Entretenaient une cruelle guerre

voici la seconde tapisserie ; et de là nous sortons définitivement du monde :

Dans la seconde, un Cyclope amoureux,
Pour plaire aux yeux d'une nymphe jolie,
Se démêlait la barbe et les cheveux ;
Ce qu'il n'avait encor fait de sa vie.

En se moquant, la nymphe s'enfuyait ;
Amour l'atteint ; et l'on voyait la belle,
Qui, dans un bois, le Cyclope priait
Qu'il l'excusât d'avoir été rebelle.

Ici, nous retombons en plein siècle. Il est évident que La Fontaine n'a pas pu très longtemps, au séminaire, confondre de bonne foi la distraction et l'extase, sa vocation poétique et la prédestination religieuse. Mais pourquoi ? Pourquoi tout ce départ innocent et cette tranquille installation dans le rêve vont-ils être inutiles ? Parce que, pour le ramener vers la doctrine du catholique simple et courant, le destin a choisi un moyen singulier : il lui a donné l'idée d'écrire ses contes, mais je crois que l'on comprendrait mal sa vie, si l'on ne voyait pas que son éducation des mystiques, tout autant que son goût naturel pour la paresse, l'a fait entrer dans la vie par un péristyle fleuri, facile et magnifique, dont le château de Fouquet s'est trouvé la réalisation opportune.

Les contes ! À vrai dire, l'affaire, au début, ne semble pas dangereuse. Le premier conte que La Fontaine écrit, dans les années 1650, ne l'est encore que très peu. Tiré de l'Arioste, c'est l'histoire d'un jeune homme nommé Joconde, si beau que le roi, lui-même très bel homme, veut le connaître et qu'ils partent ensemble vers les aventures. Mais *Joconde* eut un gros succès. Un secrétaire du duc d'Orléans, M. de Bouillon, avait publié, quelques années auparavant, une première adaptation de *Joconde*, et il s'ensuivit entre les partisans de chaque poète une dispute à laquelle le grand public se mêla bientôt. La Fontaine avait surtout contre lui un nommé Saint-Gilles. Ce n'était pas de chance. Saint-Gilles est le prototype du Misanthrope de Molière, de celui qui dit son fait au sonnet d'Oronte ; il n'envoya pas dire à La Fontaine ce qu'il pensait de ses vers. Mais l'honnête Boileau finit par l'emporter, grâce à une dissertation en cinq points, où il démontre que La Fontaine est le successeur d'Horace et de Térence. Et, en effet, la narration de La Fontaine est ravissante. Et il se trouve continuellement dans le conte des vers sur les principaux motifs lafontainiens, comme cet adieu de la femme de Joconde, le premier de ces adieux qui sont les points d'orgue de l'émotion de La Fontaine, toujours si vive dès qu'il s'agit d'absence :

« Quoi ! tu me quittes ? disait-elle.
As-tu bien l'âme assez cruelle
Pour préférer à ma constante amour
Les faveurs de la Cour ?
Tu sais qu'à peine elles durent un jour ;
Qu'on les conserve avec inquiétude,
Pour les perdre avec désespoir.
Si tu te lasses de me voir,
Songe au moins qu'en ta solitude
Le repos règne jour et nuit,
Que les ruisseaux n'y font du bruit,
Qu'afin de t'inviter à fermer la paupière.
Crois-moi, ne quitte point les hôtes de tes bois,
Ces fertiles vallons, ces ombrages si cois,
Enfin moi, qui devrais me nommer la première ;
Mais ce n'est plus le temps ; tu ris de mon amour :
Va, cruel ! Va montrer ta beauté singulière.
Je mourrai, je l'espère, avant la fin du jour.

Inutile de vous dire que Joconde, revenant une heure après pour prendre un objet oublié, la trouve au bras du valet. Mais il est hors de doute que c'est là déjà une plainte de Psyché ou de la pigeonne, que *Joconde* pouvait être la préface, non pas des *Contes*, mais d'une série de ravissantes élégies. Le malheur est que La Fontaine s'y trompa. Il ne vit pas que l'éloge de Boileau, le succès du conte, étaient dus à son agrément et à sa nouveauté poétique. Il crut que son sujet risqué en était l'attrait, et c'est dans cette erreur d'aiguillage qu'il se perdit. Et *Joconde*, tiré de l'Arioste, est suivi bientôt du *Mari trompé et content*, qui n'est plus tiré que de Boccace, et la pente est prise, et ce goût d'écrire des contes licencieux, qui maintenant va vraiment représenter dans l'existence de La Fontaine le jeu du diable. Il est comme quelqu'un qui a un vice, qui boit ou qui joue. L'histoire de La Fontaine, à partir de ce jour, est uniquement le chantage exercé par le diable sur La Fontaine, à l'aide des contes, pour l'amener à abandonner ce conformisme français qui s'exprime par la fidélité à la religion officielle catholique et la fidélité au roi.

– Bonne affaire ! se dit-il. Voilà un esprit naturellement indépendant, ami du succès, subtil ; rien de plus facile que de le porter vers cette forme de l'indépendance, qui est la rébellion aux idées données, vers cette forme du succès qu'est l'orgueil, avant-coureur de l'hérésie, et cette forme de la subtilité qu'est la philosophie, avant-garde de l'athéisme. Et le procédé sera simple : chaque fois que la morale traditionnelle lui fera un affront, je lui ferai faire des avances par ses ennemis.

Et c'est, en effet, ce qui eut lieu, et de façon de plus en plus dramatique, à mesure que La Fontaine fut plus âgé ! Les âmes, entre cinquante et quatre-vingts ans, toutes chargées d'expérience, toutes saturées des joies, des travaux et des sagesses de la vie, sont certainement plus succulentes pour la vie éternelle ou pour la damnation.

Il y eut, d'abord, l'épisode du jansénisme, aux environs de l'année 1675.

Cette année 1675 commence sous deux auspices, tous deux bien favorables à une tentation. Mais bien contraires. Le premier est celui de la volupté... La Fontaine vient de lui écrire son hymne.

Volupté, volupté, qui fus jadis maîtresse
Du plus bel esprit de la Grèce,
Ne me dédaigne pas, viens-t'en loger chez moi :
Tu n'y seras pas sans emploi.
J'aime le jeu, l'amour, les livres, la musique,
La ville et la campagne, enfin tout ; il n'est rien
Qui ne me soit souverain bien,
Jusqu'au sombre plaisir d'un cœur mélancolique.
Viens donc ; et de ce bien, ô douce volupté !
Veux-tu savoir au vrai la mesure certaine ?
Il m'en faut tout au moins un siècle bien compté ;
Car trente ans ce n'est pas la peine.

Le second est celui de la disgrâce et de la pauvreté. Il devient évident que le roi n'aime pas La Fontaine. Il est hors de doute que Colbert le déteste, et, tant que Colbert sera de l'Académie, inutile pour La Fontaine de s'y présenter, et impossibilité pour lui de toucher ces jetons de présence, qui peuvent lui donner jusqu'à six cents livres par an, c'est-à-dire l'aisance. On dit qu'aucun des deux ne lui pardonna sa fidélité à Fouquet. Ce n'est pas complètement exact. Ce que tous deux ne peuvent supporter dans La Fontaine, c'est le siècle de Louis XIII, et que tous deux sont le siècle de Louis XIV. Le siècle de Louis XIII est la mystique, la confusion et l'égalité des genres, le triomphe de l'individualité et de la querelle, la simplicité ; et eux sont la hiérarchie, le protocole, l'uniformité et la noblesse. Alors que Molière, et Racine, et Boileau, sont courbés au pied du trône et en sont les tapissiers suprêmes, ce poète de Château-Thierry, toujours à contresens, toujours à contretemps, excepté dans ses rythmes, symbolise une manière d'indépendance d'autant plus irritante qu'elle ne peut être prévue, car il ignore qu'il est indépendant, et il croit même se passer, à toute occasion, aux mains des menottes qui sont des hymnes à Colbert ou des odes au roi, menottes, d'ailleurs, qui ne ferment pas, qui ne l'attachent pas, et qu'il porte seulement comme des bracelets de mauvais goût.

Le scandale des *Contes*, d'autre part, a éclaté. Pour que La Fontaine ne devienne pas définitivement *persona ingrata*, il est indispensable qu'il s'abstienne de complaisance, de loin ou de près, avec les trois fléaux qui menacent la morale de Louis XIV : le jansénisme, le protestantisme, la philosophie athéiste de ceux qu'on a appelés les libertins, mais que j'appellerai, avec plus de raison, les libertaires de l'époque.

La Fontaine voit le danger. Il sent, en remarquable psychologue qu'il est, que l'obsession catholique domine le régime. Il décide, comme il va faire paraître un nouveau volume de contes, qu'il faut en préparer l'édition avec habileté. Il débute par une ode au roi et une ode à Dieu, odes d'ailleurs insipides, où Dieu reçoit en louanges le même tribut d'épithètes et de reconnaissance ampoulée que La Fontaine offre régulièrement à Louis XIV :

Rendons-en des grâces publiques,
Au Dieu jaloux de son renom,
Faisons en l'honneur de son nom
Retentir l'air par nos cantiques ;
Que ses bienfaits soient étalés.
Peuples voisins et reculés,
Jusqu'aux voûtes du ciel, portez-en les nouvelles ;
Dites qu'il est un Dieu qui répond à mes vœux,
Et que, m'ayant comblé de grâces immortelles,
Il en réserve encor pour nos derniers neveux.

Et inutile de vous dire aussi qu'avec son talent de l'impair, La Fontaine publie cette ode et quelques autres poésies chrétiennes avec, comme collaborateur, Henri de Brienne, prêtre défroqué, tombé en disgrâce pour tricheries au jeu, qui, pour sa vie scandaleuse, doit être enfermé trois ans après à Saint-Lazare. Quoi qu'il en soit, il s'est assuré du côté de la religion orthodoxe. Mais il sent lui-même ce que cette assurance a de factice. Il éprouve le besoin de se rapprocher de la religion même – de la religion officielle, bien entendu, – et, naturellement, il se trompe, il se rapproche du jansénisme.

Vous savez ce qu'est le jansénisme, cette doctrine d'élitisme fatal, d'après laquelle certains êtres sont touchés de la grâce et sauvés, tandis que les autres, quels que soient leurs efforts, sont condamnés d'avance. Or, c'est au moment où le scandale des *Contes* est le plus vif que La Fontaine se lie avec ces jansénistes dont il avait d'ailleurs attaqué la doctrine quelques années plus tôt :

C'est à bon droit que l'on condamne à Rome
L'évêque d'Ypre, auteur de vains débats.
Ses sectateurs nous défendent, en somme,
Tous les plaisirs que l'on goûte ici-bas.
En paradis allant au petit pas,
On y parvient, quoique Arnauld nous en die :
La volupté sans cause il a bannie.
Veux-tu monter sur les célestes tours ?
Chemin pierreux est grande rêverie...

La Fontaine dans ce domaine de la prédestination et de la rigueur implacable, cela semble un contresens. Or il se trouve qu'amené par hasard au milieu de tous ces hommes ascétiques et graves il est en sympathie avec eux. D'abord parce qu'à peu près seuls entre les religieux ils n'ont pas profité de la mort de Molière pour l'accabler, et ils n'ont été pour rien dans ces obsèques honteuses et furtives, où, dans la nuit du 21 février 1673, il accompagne la bière de son pauvre ami en portant une torche avec Boileau et Chapelle. Molière avait la grâce ou il ne l'avait pas. Il est sauvé ou il ne l'est pas. Un Dieu qui admet Molière, peut-on lui résister ? Ensuite, leur conversation n'est pas aussi revêche qu'il croyait, même celle du plus rigoriste, de Nicole, qui a peut-être pu lui exposer sa théorie du sommeil réparateur. Nicole prévoyait la sieste dans les exercices religieux. C'était juste la part que pouvait en aimer La Fontaine. Puis il a la chance de tomber à Port-Royal au moment où Arnauld d'Andilly, leur poète, achève de mettre la dernière main à sa traduction de la *Vie des Pères du Désert.* Il la lit à La Fontaine, qui en est transporté. Il y a surtout un discours de saint Jean l'Aumônier sur la bonté de Dieu qui semble fait pour lui et qui est même presque une description et une absolution de l'autre Jean :

Combien y a-t-il de méchants que Dieu cache et qu'il ne livre pas entre les mains de la justice lorsqu'ils vont en intention de tuer et de voler, de peur qu'ils ne soient pris et punis ?... Et lorsque je suis quelquefois à table avec des femmes criminelles ou avec des hommes sujets à s'enivrer, ou que je m'entretiens avec d'autres qui souillent leur langue par l'impureté de leurs paroles, ou que je me rends participant de quelques-uns de ces péchés qui se contractent dans les occupations du siècle, les abeilles volent de tous côtés le long des ruisseaux et des vallées pour ramasser dans les prairies ce miel si doux à ma langue qui prononce tant de paroles injustes et déshonnêtes, les raisins attendent avec impatience les chaleurs de l'été pour mûrir, afin de satisfaire mon goût et de réjouir mon cœur qui déhonore si souvent Celui qui leur a donné l'être ; les fleurs se pressent à l'envi pour donner du plaisir à mes yeux, qui abusent de leur regard... Et le figuier souffre la rigueur du fer qui le taille, afin de lui faire porter des fruits dont l'abondance remplisse mes mains, et dont la douceur contente ma bouche qui donne des promesses coupables à celles que les liens du mariage ont soumises à la puissance d'un autre.

Aussi, transporté, en hommage au vieux d'Andilly, il lui emprunte un saint du désert, saint Malc, et se lance dans un long poème, pour la louange d'une vertu particulièrement chère à ces messieurs : la chasteté. Et le poème n'est pas sans charme. Écoutez ce passage où la bergère qu'un maître brutal veut contraindre à être la femme de saint Malc, a trouvé un moyen de paraître laide : elle s'expose au soleil. Elle se fait brunir, alors que saint Malc mène son troupeau dans un vallon si ombreux que

À peine le soleil en savait les chemins.
La bergère cherchait les plus vastes campagnes :
Là ses seules brebis lui servaient de compagnes...

Dans les dédales verts que formaient les halliers,
L'herbe tendre, le thym, les humbles violiers,
Présentaient aux troupeaux une pâture exquise.
En des lieux découverts, notre bergère assise,
Aux injures du hâle exposait ses attraits,
Et des pensers d'autrui se vengeait sur ses traits.
Sa beauté lui donnait d'éternelles alarmes.
Ses mains avec plaisir auraient détruit ses charmes ;
Mais, n'osant attenter contre l'œuvre des cieux,
Le soleil se chargeait de ce crime pieux.

Ô vous, dont la blancheur est souvent empruntée,
Que d'un soin différent votre âme est agitée !

Inutile de vous dire que, bientôt aussi bronzée que toutes ces saintes qui aujourd'hui, chaque été, s'exposent comme elle aux injures du soleil, tout le long de la Méditerranée, elle n'inspire plus que l'aversion et que son âme est sauvée. Le vieux d'Andilly apprécia fort le poème, et peut-être La Fontaine eût-il trouvé dans Port-Royal ce havre de tranquillité, ce port où, dans le même poème, il prétend aspirer en pensant à ses années de noviciat :

Alors, j'avais pitié des heureux de ce monde.
Maintenant, j'ai perdu cette paix si profonde...

Je n'ai plus de mes bois les saintes voluptés.
Ne reviendront-ils point, ces biens que j'ai quittés ?

si, dans cet état d'amitié et d'inspiration où le plongeait la fréquentation de ces hommes qu'il jugeait maintenant si simples et si doux, il n'avait eu l'idée diabolique de tirer un conte léger de l'Évangile. Il prenait une phrase de saint Matthieu : *Decem talenta tradisti mihi,* imaginait sur cette donnée nombreuse l'aventure d'un moine jovial, et dédiait le conte à Arnauld, au grand Arnauld lui-même. Par bonheur, dans son enthousiasme, il le récita d'abord à Boileau et à un officier qui se trouvait chez Boileau. Boileau voulait lui faire comprendre le scandale, il osa lui tenir tête ; l'officier alors intervint, et il céda à l'armée. Mais de ce jour le charme était rompu ; il ne dira plus de mal des jansénistes, il s'inclinera même au passage devant eux :

Encor que leurs leçons me semblent un peu tristes...
Anacréon se tait devant les jansénistes...

Mais il ne les reverra plus. Il n'a plus à les revoir.

Nous n'en sommes pas à une contradiction de plus dans l'histoire de La Fontaine. C'est le moine jovial du conte qui le ramène vers le giron de la foi officielle.

L'épisode du protestantisme n'est pas moins significatif. En 1683, La Fontaine est enfin élu. Sa chance – qui, dans la circonstance, n'était pas la nôtre – a voulu que Colbert mourût, et, à la faveur d'une élection secrète et où, d'ailleurs, il n'avait pas de concurrent officiel, ses amis ont pu l'emporter sur le secrétaire perpétuel, sur le président Rose, élu de l'Académie sans avoir jamais écrit autre chose que les signatures du roi. C'est lui qui écrivait et signait avec une écriture contrefaite les lettres de Louis XIV que les amateurs d'autographes se disputent à prix d'or. Mais Louis XIV met son *veto* et refuse de sa vraie voix l'apposition de sa fausse signature. Au directeur de l'Académie qui va lui demander son apaisement pour l'élection, le roi répond :

– Je sais qu'il y a eu du bruit et de la cabale dans l'Académie... Je lui ferai savoir mes intentions.

Il ne fait rien savoir ; il a, d'ailleurs, des projets qui occupent tout entière sa pensée ; il prépare la révocation de l'édit de Nantes. L'influence de Mme de Maintenon, celle de Louvois, l'amènent insensiblement à regarder les protestants comme les ennemis, non seulement de la religion, mais du royaume et du roi. Que fait La Fontaine pour se ménager une faveur de plus en plus nécessaire ? Il n'hésite pas. Il se lie avec les protestants. Il ne quitte plus l'hôtel de Mme de La Sablière, protestante et entourée de protestants. Il se lie avec Antoine Menjot, le meilleur des médecins protestants, avec son frère Pierre Hessein. Il est chez Mme de La Sablière au moment de la révocation, il est là quand la police vient prendre la bru de sa protectrice pour l'enfermer aux Miramiones. Il aide Nicolas, le fils, à partir pour Londres. Il est là quand on ramène à leur grand-mère les trois filles de Nicolas, séquestrées pendant six mois pour punir les parents de leur exil.

Il faut, écrit Mme de La Sablière, *respecter ceux qui nous persécutent, et les regarder comme les exécuteurs de la justice de Dieu qui nous châtie.*

La Fontaine n'est pas de cet avis. Il ne demanderait pas mieux que d'être fidèle à ses amis. Il va se compromettre. C'est alors que les deux Vendôme, les deux plus fameux débauchés du siècle, l'entraînent dans leur château d'Anet et vers les débauches du Temple. Il nous faut bien le constater. Les voies de la sagesse sont imprévisibles : c'est Mme Ulrich qui, cette fois, ramène La Fontaine au bercail.

Et vient la tentation suprême : celle de la philosophie sceptique, celle du libertinage. Nous sommes en 1688 ou 1689. Et il ne reste plus rien des griefs qu'on pourrait faire à La Fontaine de ses amitiés protestantes, car elles ont disparu, ou elles sont converties. Mme de La Sablière a abjuré, Pellisson a abjuré, Menjot a abjuré. Et La Fontaine, à l'Académie, est devenu l'académicien le plus assidu. Et non seulement il prend part à la rédaction du Dictionnaire, mais il défend avec esprit et vigueur la cause et le privilège de l'Académie, si chère à Louis XIV, contre ceux qui veulent l'attaquer. Il commet bien, parfois, quelques bévues ; il plaide trop fort en faveur des vieux mots obscènes de nos anciens conteurs ; il prend une position trop nette, dans la querelle des anciens et des modernes, contre le style Louis XIV. Mais, autour de lui, on respire un air qui ne peut manquer d'être doux, même à ceux qui ne l'aiment pas : l'apaisement. L'apaisement moral : c'est l'époque de l'épître à Mme de La Sablière.

Désormais que ma muse, aussi bien que mes jours,
Touche de son déclin l'inévitable cours,
Et que de ma raison le flambeau va s'éteindre,
Irai-je en consumer les restes à me plaindre,
Et, prodigue d'un temps par la Parque attendu,
Le perdre à regretter celui que j'ai perdu ?
Si le ciel me réserve encor quelque étincelle
Du feu dont je brillais en ma saison nouvelle,
Je la dois employer, suffisamment instruit
Que le plus beau couchant est voisin de la nuit.

L'apaisement amoureux : c'est l'époque de Philémon et Baucis.

Même instant, même sort à leur fin les entraîne.
Baucis devient tilleul, Philémon devient chêne.
On les va voir encor, afin de mériter
Les douceurs qu'en hymen Amour leur fit goûter.
Ils courbent sous le poids des offrandes sans nombre.
Pour peu que des époux séjournent sous leur ombre,
Ils s'aiment jusqu'au bout, malgré l'effort des ans.
Ah ! si... Mais autre part j'ai porté mes présents...

Il est une gloire reconnue. La Bruyère voit en lui et en Molière les deux immortels du règne. L'Église l'approche doucement, et il se laisse faire ; il va même jusqu'à railler des protestants « l'hérétique et très sotte engeance ». La cour lui est plus favorable : Fénelon l'a présenté à son jeune élève, au duc de Bourgogne, et il exerce le duc à trouver des sujets de fables, que La Fontaine ensuite développe. *Le Loup et le Renard* (XII, 9) est née de cette collaboration. La Fontaine va pouvoir mourir en grand chrétien et en grand sujet. La France est, maintenant, un pays sans liberté, sans ressort et sans résonance. Tyrannie et misère en ont tari toutes ces poches d'indépendance ou de résistance vers lesquelles l'inconscience, plus que l'esprit de contradiction, dérivait immanquablement La Fontaine. Va-t-on assister à la fin d'un poète redevenu bourgeois et bien pensant ? C'est mal connaître La Fontaine : ce domaine de résistance au roi et à la religion, qu'il ne peut plus découvrir en France, il le découvre en Angleterre.

À Londres vivait encore, en effet, à cette époque, un des derniers survivants de la France de Louis XIII, à laquelle, par tant de points, appartient d'ailleurs La Fontaine : Saint-Évremond. Exilé par Mazarin au début du règne, ami du vin, du jeu et des femmes, spécialiste des truffes, des huîtres, passionné de lecture, d'esprit vif et plaisant, aussi maladroit, d'ailleurs, en ce qui concernait sa carrière, que La Fontaine, Saint-Évremond était une sorte de La Fontaine conscient et qui ne dormait pas. Il lui ressemble encore en ce qu'il est ami fidèle, et le plus grand ami de Fouquet. Fouquet, un jour, lui fait une confidence. Depuis, il ne peut plus que penser à Fouquet.

Je me suis accoutumé à mes malheurs, je ne m'accommoderai jamais aux siens, et, puisque je ne puis donner que de la douleur à son infortune, je ne passerai aucun jour sans m'affliger, je n'en passerai aucun sans me plaindre.

Il a même pu être plus fidèle que La Fontaine aux idées, aux goûts de la régence de Louis XIV puisqu'il les a emportés et conservés dans ce pays de liberté qu'est l'Angleterre :

J'ai vu le temps de la bonne régence,
Temps où régnait une heureuse abondance,
Temps où la ville aussi bien que la cour
Ne respiraient que les jeux de l'amour.
Une politique indulgente
De notre nature innocente
Favorisait tous les désirs ;
La douce erreur ne s'appelait point crime,
Les vices délicats se nommaient des plaisirs.

Il avait sa philosophie, qui était le gassendisme, c'est-à-dire une sorte d'accommodement sensuel à l'existence, dénué de toute intransigeance athéiste ou non conformiste ; et, comme le principal disciple de Gassendi, Bernier, était un familier de Mme de La Sablière, La Fontaine, sur ce point encore, ne trouvait qu'entente avec lui.

M. Jasinski, professeur à la Faculté de Lille, vient de publier une étude particulièrement intéressante où il montre, dans les derniers livres des *Fables,* toute la philosophie de Gassendi apparaître à chaque occasion, avec sa théorie des atomes et de la hiérarchie des âmes. Contre la pensée de Descartes, Gassendi rétablit un univers sensible, palpable et agréable. Tout le groupe est ennemi de l'esprit cartésien. Saint-Évremond devait mourir, un crucifix à la bouche, mais en contestant avec colère les preuves de l'existence de Dieu d'après ce Descartes, auquel La Fontaine, de son côté, ne peut pardonner sa théorie des couleurs.

Comment, écrit-il à Mme de Bouillon, les couleurs ne sont que *« de différents effets de la lumière sur de différentes superficies ! Adieu les lis et les roses de nos Amintes ! Il n'y a ni peau blanche ni cheveux noirs ; notre passion n'a pour fondement qu'un corps sans couleur. Et, après cela, je ferai des vers pour la principale beauté des femmes ? »*

Gassendi répara tout cela : le premier chemin, en somme, taillé avec précaution vers le matérialisme de Voltaire. Et, en effet, dans ces années qui vont amener la naissance de Voltaire, c'est déjà presque une amitié voltairienne qui lie les deux hommes. Exilé par Mazarin, Saint-Évremond a retrouvé dans l'exil, au bout de quarante ans, les deux nièces du cardinal, dont cette duchesse de Bouillon, qui semble n'avoir été exilée que pour plaire à un poète, puisque son premier exil avait été Château-Thierry. Et il se forme en fait, entre elle et Saint-Évremond, un projet d'enlever La Fontaine à Londres, qui a dû être assez poussé, puisque Ninon de Lenclos elle-même en parle dans ses lettres. Pour la duchesse, c'était un acte d'amitié, c'était sauver un écrivain qui lui avait fourni sa devise morale :

Sur les ailes du temps la tristesse s'envole,

c'était sauver un vieux poète de la misère. Pour Saint-Évremond, c'était plus. C'était une revanche. C'était se venger d'un régime et d'une tyrannie. Les vrais indépendants sont comme les vrais époux : ils ne meurent bien qu'à deux. Peut-être eût-il aimé arracher à Paris cette loque humaine (car La Fontaine était mangé de rhumatismes et passait pour divaguer de temps à autre) que se disputaient les conformismes moral, civique et religieux, et l'amener dans un air où elle eût repris sa dignité. Repêché en port de Londres, le pauvre et miteux académicien La Fontaine fût redevenu Jean de La Fontaine tout court. Jouvence magnifique ; quel plaisir pour ce jouisseur qu'était Saint-Évremond de montrer à celui qui toute sa vie avait rêvé de la liberté, mais en sourcier, devinant où elle était sans pouvoir jamais l'atteindre, de la lui montrer en personne : liberté de pensée, liberté de langage, liberté de vagabondage dans un pays où les avenues les plus larges ne menaient pas à la cour et à un roi, mais à la nature, à une nature nouvelle que La Fontaine apprécierait aussi. Mettre La Fontaine dans un jardin anglais, ce n'était pas une opération tellement inintéressante. Montrer au « Fablier » – car c'est Mme de Bouillon qui lui avait donné ce surnom – de nouvelles sortes de vallons et de fontaines, et de nouveaux animaux, sans compter ces belles Anglaises dont La Fontaine parle déjà avec admiration, faire mourir cette âme libre dans un coin de terre libre, planter le « Fablier » dans un climat de liberté et de mépris des contraintes par âme ou par corps, c'était procurer à La Fontaine, par le passage de la Manche et peu avant le passage du Styx, un avant-goût vivant des plaisirs infernaux et des Champs Élysées réels. Montrer à La Fontaine ces arbres inconnus chez nous, mais qui déjà, en Angleterre, amenaient une détente de l'orgueil humain, le vernis du Japon, le géant de Californie, l'aubépine chinoise, c'était offrir à la rétine du vieillard mourant des formes encore inédites de la tendresse et de la liberté. Il s'agissait de faire passer un brave homme du navire de haut bord qu'était la France, rigide et ne chassant pas sur ses ancres, sur une goélette sans attaches et à voiles gonflées. Il s'agissait de retirer le corps mourant du plus libre poète français d'un taudis de La Sourdière et de la mort sinistre entre les paroissiens de Saint-Roch, pour le transporter sur une couche de style Élisabeth tendue en velours anglais et entourée de toutes les Françaises et de tous les Français qui n'avaient abdiqué ni leurs libertés ni leurs contraintes personnelles. Et La Fontaine lui-même s'y prêtait. Il propose à Saint-Évremond un tournoi de poésie au bord de la Tamise.

Voilà la dernière tentation, celle de la libre nature, de la libre pensée ; la mort dans ce cercle anacréontique de jolies femmes et de vieillards, car Saint-Évremond est doublé du vieux poète Waller, autre ami de La Fontaine, qui a quatre-vingt-trois ans.

Vous nous rassemblerez, écrit-il, *M. Waller, M. Saint-Évremond, Anacréon et moi.*

Il nous ferait beau voir, parmi des jeunes gens,
Inspirer le plaisir, danser, et nous ébattre,
Et, de fleurs couronnés ainsi que le Printemps.
Faire trois cents ans à nous quatre.

Et il faudrait, ajoute-t-il, *que je voie des Anglais et des Anglaises. Les Anglaises sont bonnes à voir, à ce que l'on dit.* C'est à l'Angleterre qu'il consacre la dernière fable qu'il ait écrite : *Le Renard anglais,* dédiée à l'Anglaise Mme Harvey, qui était aussi du complot, et dans laquelle il fait sa cour, non seulement à sa correspondante, mais aux animaux anglais.

... Je veux
Y coudre encor un mot ou deux
En faveur de votre patrie.
Vous l'aimez. Les Anglais pensent profondément ;
Leur esprit, en cela, suit leur tempérament.
Creusant dans les sujets, et forts d'expériences,
Ils étendent partout l'empire des sciences.
Je ne dis point ceci pour vous faire ma cour :
Vos gens, à pénétrer, l'emportent sur les autres.
Même les chiens de leur séjour
Ont meilleur nez que n'ont les nôtres.
Vos renards sont plus fins : je m'en vais le prouver
Par un d'eux, qui, pour se sauver,
Mit en usage un stratagème
Non encor pratiqué, des mieux imaginés.

Pourquoi le projet échoua-t-il ? C'est là qu'on reconnaît l'ironie de la Providence. Si La Fontaine ne va pas, comme Ovide, mourir sur un sol étranger, s'il n'inflige pas à la France l'affront, il dit que c'est à cause de ses rhumatismes. En fait, s'il ne meurt pas dans l'impénitence finale, s'il reste à portée de sa religion catholique et de la conversion, c'est qu'il ne peut se résoudre à abandonner une joueuse de clavecin, Mlle Certain, et qu'il a retrouvé chez M. d'Hervart, financier comme Fouquet, pour sortir de la vie, une cour de jolies femmes : la d'Hervart, la Gouvernet, comme celles qui l'accueillirent à Vaux. Il renonce. Il écrit à Saint-Évremond, sans donner la seconde raison :

Nous attendrons le retour des feuilles et celui de ma santé ; autrement, il me faudrait chercher en litière les aventures. On m'appellerait le chevalier du rhumatisme... Autrefois que toutes saisons m'étaient bonnes, je me serais embarqué sans raisonner.

Rien ne m'eût fait souffrir, et je crains toute chose.
En ce point seulement, je ressemble à l'Amour.
Vous savez qu'à sa mère il se plaignit un jour
Du pli d'une feuille de rose.
Ce pli l'avait blessé. Par quels cris forcenés
Aurait-il exprimé sa plainte
Si de mon rhumatisme il eût senti l'atteinte ?

L'excuse n'est peut-être pas très bonne, puisque c'est à la même époque qu'il fait à cheval quatre lieues dans la nuit, en poussant sa monture dans la pluie devant soi, parce qu'il a eu comme voisine de table Mlle de Beaulieu, qui a quinze ans. Honneur à Mlle de Beaulieu, à laquelle nous devons peut-être qu'il n'y ait pas à Londres la maison mortuaire de La Fontaine.

D'ailleurs, quelques mois après, il tombe malade. La mort est aux portes. Tout le monde, à Paris, prévoit et voit cette mort : il va mourir avec indolence, en souriant vaguement au prêtre inconnu appelé en hâte pour l'extrême-onction. La Fontaine lui-même l'attend sans angoisse. Il sait où il va.

Le Royaume des morts a plus d'une avenue :
Il n'est route qui soit aux humains si connue.

Il a dit leur fait à ceux qui ne veulent pas mourir.

... Je voudrais qu'à cet âge,
On sortît de la vie ainsi que d'un banquet,
Remerciant son hôte et qu'on fît son paquet ;
Car de combien peut-on retarder le voyage ?
Tu murmures, vieillard ! Vois ces jeunes mourir,
Vois-les marcher, vois-les courir
À des morts, il est vrai, glorieuses et belles,
Mais sûres cependant et quelquefois cruelles.
J'ai beau te le crier : mon zèle est indiscret :
Le plus semblable aux morts meurt le plus à regret.

Il veut mourir comme il a vécu. Il est étendu sur son lit, environné des terres cuites de ses philosophes : Socrate et Platon, avec, autour de lui, toute son œuvre qu'il revoit pour les éditeurs : la cinquième partie des *Fables*, les *Contes*, qu'il corrige pour un imprimeur hollandais, une pièce de théâtre qu'il vient de terminer. Satisfait, sans remords, guidé vers la mort par la disparition de ses meilleurs amis, sachant qu'il n'aura pas les visites de ceux qui viennent l'exhorter à songer à sa conscience, car sa garde-malade les éconduit en disant : « Ne le tourmentez donc pas ! Il est plus bête que méchant », il sait qu'il va éluder ce combat de remords et de regrets qui attend les autres dans leurs derniers jours. Quand soudain, un jour où il est seul, on frappe à sa porte, et la porte s'ouvre. C'en est fait ! L'œuvre inconsciente de Joconde, du moine trop gai, de Mme Ulrich et de Mlle Certain va porter ses fruits : le brave La Fontaine va avoir à lutter personnellement avec la mort.

Le visiteur est un prêtre, un tout jeune prêtre. Il a vingt-cinq ans, et il est vicaire de la paroisse de La Fontaine : Saint-Roch. Il entre simplement pour demander des nouvelles du poète, que connaît son père, et la conversation est d'abord toute banale. Mais La Fontaine, à la vue de ce représentant de Dieu, ne peut garder quelque chose qu'il a sur le cœur, et c'est lui qui attaque, c'est lui qui demande à l'abbé Pouget comment l'éternité des peines des damnés peut s'accorder avec la bonté de Dieu. La beauté ou la laideur données à une femme, l'intelligence ou la bêtise données à un homme, ne sont-elles pas des absolutions originelles ? À quoi bon être Dieu, si l'on ne peut tout pardonner ? L'abbé Pouget est novice, il n'a jamais encore confessé, administré. Débuter dans sa mission par la confession de La Fontaine, ce serait vraiment un grand mérite. Il ne brusque pas La Fontaine. Il passe à la controverse. Il sait que de la controverse théorique on arrive toujours au vrai combat et au corps à corps. Il revient chaque jour. Il devient le familier de La Fontaine. Et, enfin, un jour où le poète est plus las, plus confiant, où il demande à l'abbé Pouget ce qu'il pense vraiment de lui, il lui révèle la vérité ; il lui montre ces papiers qui entourent son lit. Les *Fables,* oui, évidemment, va pour les *Fables ;* mais cette pièce de théâtre, dont le sujet est luxurieux, mais ces épreuves de contes, dont les vers indécents encadrent le mourant, est-ce là le nimbe d'innocence et de renoncement qui sied au chrétien devant sa dernière heure ? Comment ? Ces contes sont naïfs ? Qu'il en relise un tout haut. Et La Fontaine relit un conte, et se trouble. Passons maintenant à cette pièce, cette pièce infâme ! Comment ! Cette pièce est de bon exemple ! Soit ! Prenons un arbitre ! Et La Fontaine prend comme arbitre M. Pirot, le célèbre jésuite, docteur en Sorbonne, qui se prononce contre la pièce. Le feu flambe dans la petite cheminée. Le poète se lève et jette le manuscrit au feu. Puis, tout à loisir, il prépare sa confession. Il l'écrit. Il écrit tout ce que, dans les soixante-douze ans de sa vie de La Fontaine, il estime avoir été pris à Dieu. Si ce document nous était parvenu, je ne vois pas bien quelle page dans toute notre littérature pourrait lui être préférée. Il met un mois. On dirait qu'il tient à revoir sa vie par tableaux, par épisodes, qu'il les revit, pour apercevoir tout à coup, dans l'épisode de Vaux, ou de Mme Ulrich, ou dans ses promenades solitaires elles-mêmes, une certaine couleur qui corrompe tout à coup tel visage, telle scène, tel paysage, la couleur du péché. Il recherche la damnation dans ces images comme les enfants, dans les chromos, recherchent les gendarmes ou le pêcheur. Puis, quand il est prêt, il veut se confesser. Mais nouveau coup de théâtre. Sa confession ne sera acceptée que si, d'abord, il abjure sa conduite passée, que s'il renie et condamne les *Contes*. Longtemps, il ne peut y consentir.

– Comment mes contes peuvent-ils être immoraux ? dit-il. Ils sont gais.

Enfantinement, il accuse les autres genres, le roman, *L'Astrée*, par exemple.

– *Je craindrais plutôt une douce mélancolie, où les romans les plus chastes et les plus modestes sont très capables de nous plonger et qui est une grande préparation pour l'amour.*

Mauvais argument. L'insistance de l'abbé a excité, depuis, l'indignation de Voltaire.

Auriez-vous osé parler ainsi, dit-il, *à la reine de Navarre, sœur de François Ier, de qui plusieurs de ces contes plaisants et non infâmes sont tirés ? Auriez-vous osé donner le nom d'infâme à Boccace, créateur de la langue italienne, et à l'Arioste, qui n'a d'autre titre dans sa patrie que celui de divin ? N'est-ce pas là, tout simplement, la scène qu'avait prévue le fabuliste dans* Les Animaux malades de la peste ? *Le pauvre La Fontaine est l'âne. Il a tondu du pré la largeur de sa langue.*

À ces mots on cria haro sur le baudet.
Un loup, quelque peu clerc, prouva par sa harangue
Qu'il fallait dévouer ce maudit animal.

Et peut-être, en effet, le jeune abbé Pouget fut-il un peu rude. Tout le monde ne peut pas avoir l'abbé Mugnier au seuil de sa conversion.

Alors, La Fontaine se dit qu'il doit y avoir une grande joie à se condamner soi-même, puisque tous ses amis l'ont fait, puisque Racine a solennellement renié son passé, puisque Mme de La Sablière s'est convertie... La pensée de Mme de La Sablière surtout, qui agonise à quelques maisons de distance, l'obsède. Il songe à cette lettre humble qu'elle écrivait à son mari, ce gentilhomme brutal qui l'avait trompée cent fois, mais qui avait été implacable, le jour où elle était devenue à son tour amoureuse :

Je vous supplie donc très humblement, monsieur de La Sablière, de croire que je ressens comme je dois le soin que vous avez pris... et que je ne manquerai jamais de soumission pour tout ce que vous pourrez souhaiter de moi. Et je serai toute ma vie, avec tout le respect que je vous dois, votre très humble et très obéissante servante.

Il est vaincu.

Mais le mal augmente ; mais Pellisson, le vieil ami du poète, vient de mourir le 7 février, à Versailles, sans avoir eu le temps de recevoir les sacrements. Alors, La Fontaine se soumet. Il décide même que sa condamnation des *Contes* sera publique, qu'il la fera devant l'Académie elle-même, et, comme il ne peut aller à l'Académie, il convoque les académiciens dans sa petite chambre. Le 12 février, ils se réunissent à Saint-Roch et, conduits par Racine et Boileau, s'entassent devant le lit du malade, que le vicaire asperge d'eau bénite ; il se soulève et il prononce ces paroles :

Monsieur le vicaire, j'ai prié messieurs de l'Académie française, dont j'ai l'honneur d'être un des membres, de se trouver ici par députés, pour être témoins de l'action que je vais faire. Il est d'une notoriété qui n'est que trop publique que j'ai eu le malheur de composer un livre de contes infâmes. En le composant, je n'ai pas cru que ce fût un ouvrage aussi pernicieux qu'il l'est. On m'a, sur cela, ouvert les yeux, et je conviens que c'est un livre abominable. Je suis très fâché de l'avoir écrit et publié. J'en demande pardon à Dieu, à l'Église, à vous, monsieur, qui êtes son ministre, à vous, messieurs de l'Académie, et à tous ceux qui sont ici présents... Si Dieu me rend la santé, j'espère qu'il me fera la grâce de soutenir authentiquement la protestation publique que je fais aujourd'hui, et je suis résolu à passer le reste de mes jours dans les exercices de la pénitence autant que mes forces corporelles pourront le permettre, et à n'employer le talent de la poésie qu'à la composition d'ouvrages de piété.

Il retombe épuisé sur son lit. Les académiciens, les amis, se retirent. Mais, l'après-midi, il fait appeler d'urgence l'abbé Pouget. Celui-ci se hâte, le croyant mort. Il trouve La Fontaine tout joyeux, qui lui montre cinquante louis d'or que le duc de Bourgogne vient de lui envoyer. Il vécut encore deux ans, avec des alternatives de guérison et de crises. Il put retourner à l'Académie française, et, avec cette innocence qui ne l'abandonna pas, le jour où il en fut élu le président et où, selon l'habitude, il dut lire une pièce de vers qui contribue à l'agrément de la fête, il lut aux académiciens sa paraphrase du *Dies Iræ*. C'est un *Dies Iræ* tout spécial ; La Fontaine essaye d'y convaincre Dieu. Il lui dit qu'en le damnant il se punirait lui-même, puisqu'il a voulu toute sa vie le sauver, que de son passage en ce monde et de son crucifiement il en perdrait ainsi le fruit. Et surtout, s'il doit le sauver, qu'il lui donne bien l'impression d'être sauvé dès ce monde-ci, l'incertitude est une chose trop affreuse. Mais dans ce dernier débat de courtisan, la franchise de La Fontaine est si profonde, son dévouement si certain, qu'on songe à Verlaine et à *Sagesse*.

Tu pourrais aisément me perdre et te venger.
Ne le fais point, Seigneur ; viens plutôt soulager
Le faix sous qui je sens que mon âme succombe.
Assure mon salut dès ce monde incertain,

Empêche malgré moi que mon cœur ne retombe
Et ne te force enfin de retirer ta main...

Fais qu'on me place, à droite, au nombre des brebis.
Sépare-moi des boucs réprouvés et maudits.
Tu vois mon cœur contrit et mon humble prière.
Fais-moi persévérer dans ce juste remords ;
Je te laisse le soin de mon heure dernière ;
Ne m'abandonne pas quand j'irai chez les morts.

Il y alla sans tarder, au printemps 1695. Depuis trois mois, il s'attendait à mourir. Le 10 février, il avait écrit à son ami Maucroix :

Tu te trompes assurément, mon cher ami, s'il est bien vrai, comme M. de Soissons me l'a dit, que tu me croies plus malade d'esprit que de corps. Il me l'a dit pour tâcher de m'inspirer du courage, mais ce n'est pas de quoi je manque. Je t'assure que le meilleur de tes amis n'a plus à compter sur quinze jours de vie. Voilà deux mois que je ne sors point, si ce n'est pour aller un peu à l'Académie, afin que cela m'amuse. Hier, comme j'en revenais, il me prit, au milieu de la rue du Chantre, une si grande faiblesse, que je crus véritablement mourir. Ô mon cher, mourir n'est rien ; mais songes-tu que je vais comparaître devant Dieu ? Tu sais comme j'ai vécu. Avant que tu reçoives ce billet, les portes de l'éternité seront peut-être ouvertes pour moi.

Elles le furent le mercredi 13 avril. On trouva son corps couvert d'un cilice. La brave garde-malade le retira pour que lui fût plus doux le sommeil éternel. De ce corps, il ne subsiste plus rien ; enterré au cimetière des Saints-Innocents, il s'y est égaré par quelque distraction souterraine et sans doute fut jeté à la fosse commune quand on construisit les Halles sur l'emplacement du cimetière. Certes, il serait plus satisfaisant à notre esprit de penser que La Fontaine repose dans une pelouse anglaise, au flanc d'un coteau, et que, sur la pierre, qui porterait gravé en caractères gothiques : *Born in France, dead in England,* les branches des noisetiers déposeraient, de temps en temps, le premier animal qui lui fit signe à Vaux, ce charmant visiteur de tombes qu'est, en Angleterre, l'écureuil ; mais aurions-nous vraiment une mesure de l'innocence entière de La Fontaine, si nous ne l'avions vu en face de sa mort et en tête-à-tête avec son Dieu ?

Et ici, du moins – en tout cas, autant que je puisse le savoir – s'achève l'histoire des tentations de La Fontaine.

Table

ŒUVRES DE JEAN GIRAUDOUX

PROVINCIALES.
LA MENTEUSE.
LES CONTES D'UN MATIN.
PLEINS POUVOIRS.
SANS POUVOIRS.
L'ÉCOLE DES INDIFFÉRENTS.
SIMON LE PATHÉTIQUE, roman.
SIEGFRIED ET LE LIMOUSIN, roman.
BELLA, roman. EGLANTINE, roman.
COMBAT AVEC L'ANGE, roman.
LA FRANCE SENTIMENTALE.
SUZANNE ET LE PACIFIQUE, roman.
JULIETTE AU PAYS DES HOMMES.
LECTURES POUR UNE OMBRE.
AMICA AMERICA. ADORABLE CLIO. ELPÉNOR.
AVENTURES DE JÉROME BARDINI, roman.
TEXTES CHOISIS, réunis et présentés par René Lalou.
LES CINQ TENTATIONS DE LA FONTAINE.
CHOIX DES ÉLUES, roman.
LITTÉRATURE. VISITATIONS. LE SPORT.
SOUVENIR DE DEUX EXISTENCES.

Théâtre :

LA GUERRE DE TROIE N'AURA PAS LIEU, pièce en 2 actes.
ELECTRE, pièce en 2 actes.
SIEGFRIED, pièce en 4 actes.
AMPHITRYON 38, pièce en 3 actes.
INTERMEZZO, pièce en 3 actes.
JUDITH, pièce en 3 actes.
SUPPLÉMENT AU VOYAGE DE COOK, pièce en 1 acte.
TESSA, pièce en 3 actes et 6 tableaux,
adaptation de *La Nymphe au cœur fidèle.*
L'IMPROMPTU DE PARIS, pièce en 1 acte.
ONDINE, pièce en 3 actes.
SODOME ET GOMORRHE, pièce en 2 actes.
LA FOLLE DE CAILLOT, pièce en 2 actes.
L'APOLLON DE BELLAC, pièce en 1 acte.
POUR LUCRÈCE, pièce en 3 actes.
FIN DE SIEGFRIED, acte inédit.
CANTIQUE DES CANTIQUES, pièce en 1 acte.
LES GRACQUES (pièce inachevée).

Cinéma :

LA DUCHESSE DE LANGEAIS.
LE FILM DE BÉTHANIE.

Composition réalisée par COMPOFAC - PARIS

IMPRIMÉ EN FRANCE PAR BRODARD ET TAUPIN
Usine de La Flèche (Sarthe).
LIBRAIRIE GÉNÉRALE FRANÇAISE - 6, rue Pierre-Sarrazin - 75006 Paris.

ISBN : 2 - 253 - 93231 - 0 42/3231/0